教育部中等职业教育专业技能课立项教材

旅游服务与管理

旅游服务心理学

LÜYOU FUWU XINLIXUE

主　编／李海凤　单浩杰
副主编／刘清华　云斯琴
焦艳芬　王春红

中国人民大学出版社
·北京·

前　言

Preface

旅游服务心理学是一门应用心理学，它是把心理学领域的一些研究成果应用到旅游领域，对旅游过程中旅游者的心理活动及活动规律进行分析研究的一门学科。这门课程的研究对象涉及旅游者、旅游企业员工、旅游企业管理者和旅游目的地居民。在具体研究过程中，不仅要研究影响其行为的各个心理要素，还要研究其心理活动规律，最终把握研究对象的心理和行为的关系。因此，旅游服务心理学的研究对于提高旅游服务质量、改善旅游企业的经营管理、合理地进行旅游资源开发、促进各方利益群体建立和谐关系及旅游学科体系建设都有非常重要的意义。

在旅游业快速发展的今天，旅游者和旅游企业对旅游从业人员的素质要求越来越高，为此，我国各旅游院校也加强了对旅游专业学生的素质培养，夯实学生的专业理论基础，提高其各项服务技能是教学工作的重点。为了让旅游管理专业的学生将来在走向工作岗位后能更好地为旅游者服务，更好地为旅游业服务，几位经验丰富的专业课教师决定编写此教材，希望对旅游人才的培养工作略尽绵薄之力。

本教材主要分四个部分，第一部分是项目一，主要让学生对心理学及旅游服务心理的基本知识有所了解；第二部分是项目二到项目六，主要研究旅游者的各心理要素及心理活动规律，具体包括旅游者的感知、动机、情绪情感、态度和消费决策的内容；第三部分是项目七，主要研究旅游者在接受旅游服务过程中的一些心理需求及服务策略；第四部分是项目八，主要研究旅游企业员工心理健康的维系，使员工保持心理健康，更好地为旅游者服务。

本教材的特点主要体现在以下几方面：

第一，本教材以党的二十大精神为引领，全面贯彻党的教育方针，落实立德树人根本任务，同时，充分考虑了中职学生的特点，紧紧围绕着国家对中职学生的培养目标编写，在内容的难易程度和表现形式上进行控制，用浅显易懂的语言表达深奥的专业知识，用丰富的内容激发学生学习的兴趣，将理论教学内容与实训教学内容结合起来，增强教学效果。

第二，本教材注重实效性，其中涉及的一些数据、信息和观念均为最新的。每一项任务都有案例导入，激发学生的学习兴趣；在知识探究中添加了一些知识链接，拓展学生的视野；在阐述案例的同时还对案例进行了评析，使学生对所涉及的内容有更深的理解。在每一项目的内容后还增加了实训练习，增强学生对所学理论知识的灵活运用能力。

本教材由李海凤、单浩杰任主编，刘清华、云斯琴、焦艳芬、王春红任副主编。具体编写分工如下：李海凤负责项目三和项目四的编写；单浩杰负责项目一和项目六的编写；刘清华负责项目二和项目五的编写；云斯琴负责项目七的编写；焦艳芬负责项目八的编写；王春红负责实训练习及全书的校对、格式调整、排版工作。

本教材的编写与出版得到了内蒙古财经大学相关教师的大力支持和帮助，在此表示衷心的感谢！由于编者能力有限，书中差错在所难免，恳请广大读者批评指正，希望各位专家不吝赐教。

目　录

Contents

项目一 认知旅游服务心理学

问题引入

在激烈的旅游市场竞争中，旅游企业要为旅游者提供周到的、有针对性的服务，不仅要了解旅游者想要享受什么样的服务，还要知道如何满足其需要，这就要求我们旅游从业人员具备一些心理学知识。你知道了解旅游者心理应该从哪些方面入手吗？

任务导读

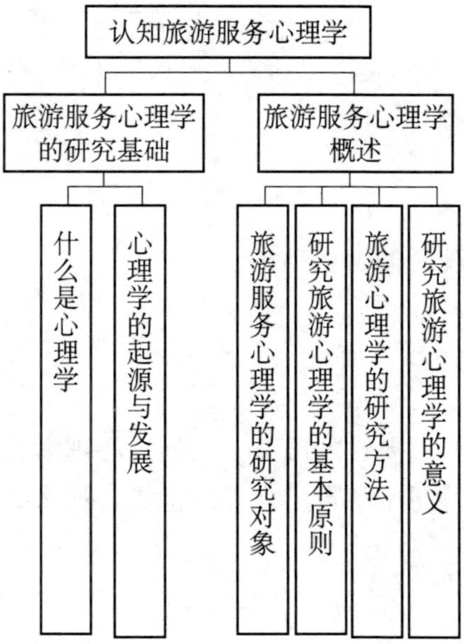

学习目标

知识目标：了解心理学的发展历程；研究旅游心理学的重要意义；掌握旅游心理学的研究内容及研究方法。

能力目标： 通过对本章内容的学习，使学生能够根据研究的目的正确地使用研究方法。

任务一　旅游服务心理学的研究基础

案例导入

梦得薛仁贵

传说唐太宗登基后曾做过一个凶煞之梦，在梦中有一个凶神恶煞的人手持大刀追赶他，要取他性命，就在性命攸关的紧急之时，忽然出现一位白袍小将，十分英勇，成功打败了追赶者，救了自己。为了达谢恩人，唐太宗上前询问小将的姓名，小将没有直接回答，而是念出了四句诗："家住逍遥一点红，四下飘飘影无踪。三岁孩童千金价，保主跨海去征东。"说完就跳入一个龙口，顿时不见了踪影。唐太宗在次日向大臣们提及此梦，以求解析，有大臣解释说：梦中有凶恶之人追赶，想必是某地发生叛乱；关于小将的四句诗，第一句"家住逍遥一点红"，是说其居所为山西；跳入龙口，应当是山西的龙门县；后面的两句则为其姓名，如"四下飘飘影无踪"是下雪，雪音同"薛"，那名小将当是姓薛之人；"三岁孩童千金价"说的是"人贵"，所以其名应为"仁贵"，最后一句则表明此人可能会是日后朝廷的重要将才。

？问题与思考

你相信"梦"真的具有神奇的力量吗？

知识探究

随着社会的发展和心理学重要性的凸显，人们对心理学越来越关注，不仅想了解自己的内心世界，认识自我，而且想了解自己之外的世界，那么到底什么是心理学？

一、什么是心理学

心理学是研究人的心理现象的科学，心理现象包括心理过程和个性心理。

心理过程是指心理活动的动态过程，即人脑对客观现实的反映过程，主要包括认识过程、情感过程和意志过程，它们彼此区别，又互相联系，是一个统一的不可分割的整体。认识过程是人的最基本的心理活动过程，是人脑对客观对象的属性及其规律的反映，由感觉、知觉、记忆、思维、想象等一系列认识环节所构成。情感过程是人们情绪感情的发生与体验过程，人在认识世界和改造世界的实践活动中，不但认识了周围的事物，同时还会出现快乐、悲伤、恐惧、愤怒等心理现象，这就是各种形式的情绪和感情。意志过程是人们面对困难有意识地支配和调节自己行动的心理过程，在认识和改造世界过程中，会遇到种种风险和困难。在风险和困难面前，有的人打起了退堂鼓，有的人犹豫不决，有的人信念坚定、不屈不挠，人们这种面对困难时有意识地支配和调节自己行动的心理过程，就是意志过程。

个性心理实际上是一个人在心理活动中所表现出来的比较稳定的和经常的特征，是一个人带有倾向的、稳定的心理特点的总和，包括个性倾向性特征和个性稳定性特征（又称个性心理特征）两大部分。

个性倾向性特征是指个人在社会生活中逐渐形成的思想倾向，集中体现在需要、动机、兴趣、态度等方面。需要是个体生理或心理的匮乏状态及由此产生的平衡驱动力在头脑中的反映，是人们匮乏感及由此产生的平衡驱动感的总和。动机是个体发动和维持其行动并导向某一目标的直接内在驱动力，动机会驱动人去活动，并把活动引向一定的目标。兴趣是人们积极探索、认识和掌握某种事物的一种心理倾向，这种心理倾向主要表现为对某种事物特加注意并持积极态度。态度是行为的准备状态，即个体用一种赞成或不赞成的方式去对待和评价对象优劣、思想正误和人们好坏的一种心理倾向。

个性稳定性特征是指个人稳定的心理特点，集中体现在气质、性格、能力等方面。气质就是人们平常所指的性情或脾气，反映的是一个人心理活动在强度、速度、稳定性和灵活性等动力方面的特征，例如，人们常说有的人活泼好动，有的人沉默寡言；有的人性子急，有的人则是慢性子；有的人暴躁，有的人性情温和等，这里说的就是个人的气质特点。性格是一个人在对现实的态度和与之相适应的习惯化了的行为方式上表现出来的稳定的心理特征，人的性格是后天获得的，是现实社会关系在人脑中的反映。能力是一个人顺利完成某种活动的潜在力量，它是在人的先天素质基础上形成和后天的生活实践活动中发展起来的，人们要顺利地完成某种活动，常常需要有各种能力的结合。

- 心理现象
  - 心理过程
    - 认知过程：感觉、知觉、注意、记忆、思维、想象
    - 情感过程
    - 意志过程
  - 个性心理
    - 个性倾向性特征：需要、动机、兴趣、态度
    - 个性稳定性特征：气质、性格、能力

总之，心理现象和每个人都密切相关，无论从事什么样的活动都伴随着各种心理现象，心理现象也指引着人们产生各种各样的行为。

知识链接

经典的四种气质类型

多血质：多血质的人表现出这样的特点：有朝气、热情、活泼、爱交际、有同情

心、思想灵活等品质；也容易出现变化无常、粗枝大叶、浮躁、缺乏一贯性等特点。这种人活泼、好动、敏感、反应迅速、喜欢与人交往、注意力容易转移、兴趣和情感易变换等。

黏液质：黏液质人的表现特点：黏液质相当于神经活动强而均衡的安静型。这种气质的人平静，善于克制忍让，生活有规律，不为无关事情分心，埋头苦干，有耐久力，态度持重，不卑不亢，不爱空谈，严肃认真；但不够灵活，注意力不易转移，因循守旧，对事业缺乏热情。

胆汁质：胆汁质特点是：情感发生迅速、强烈、持久，动作的发生也是迅速、强烈、有力。这一类型的人都热情，直爽，精力旺盛，脾气急躁，心境变化剧烈，易动感情，具有外倾性。

抑郁质：抑郁质的人神经类型属于弱型，他们体验情绪的方式较少，稳定的情感产生也很慢，但对情感的体验深刻、有力、持久，而且具有高度的情绪易感性。抑郁质的人为人小心谨慎，思考透彻，在困难面前容易优柔寡断。抑郁质的人一般表现为行为孤僻、不太合群、观察细致、非常敏感、表情腼腆、多愁善感、行动迟缓、优柔寡断，具有明显的内倾性。

二、心理学的起源与发展

（一）心理学的起源

自有人类以来，就有心理现象，但心理学成为一门独立的学科仅有一百多年的历史。“哲学是一切科学之母”，人们对心理问题的研究早在几千年前就有了，但那个时候的研究也仅限于哲学范围内，在研究时凭主观的想象去分析遇到的心理问题，没有形成系统的理论和科学的方法。直到 1879 年德国的哲学家、心理学家威廉·冯特在莱比锡大学创办了第一个心理学实验室，采用科学的方法对人的心理进行科学的研究，心理学从哲学范围内脱离出来成为一门独立的学科。因此，人们将威廉·冯特称为心理学之父。

心理学的产生标志着人类对自身心理现象的认识的发展和深化。由于现代科学技术的发展，心理学的发展也日新月异，出现了应用心理学（心理学在各个领域的应用），如：教育心理学、发展心理学、服务心理学、消费心理学、变态心理学等，这些应用心理学在各自的领域中得到了广泛的应用，对人类的社会生活和工作起着越来越重要的作用。

（二）心理学的发展

心理学自成体系后，虽然历史不长，但形成了众多的流派，在众多的流派中，最著名的是西方的三大流派。

1. 精神分析心理学流派

精神分析心理学产生于 1900 年，创始人是奥地利的精神病医生、心理学家弗洛伊德，受职业影响，弗洛伊德的研究对象主要是病态人，他认为，人为什么会得心理疾病是因为他的本能欲望被压抑，人之所以去做各种各样的事情是受原动力（本能欲望的冲动）的支配，当人们觉得自己的冲动严重违背了做人的原则，他就会压抑这种冲动，压抑的结果使这种冲动表面上看没有了，其实它存在于自己的内心深处。弗洛伊德认为这种冲动和对冲动压抑之间的矛盾是导致心理失常的病因，人只有在梦中才不会压抑这种冲动，要治好病人的病必须要了解人的本能欲望是什么，主张通过分析梦来寻求治疗方法。但同时弗洛伊德也认为对人的本能欲望加以控制是必要的，如果人类毫无控制地放纵自己，只能是自取灭亡，他认为，压抑人的本能欲望会使人不快，最好的解决办法是“升华”，也就是把要做坏事的心理能量用来做好事。

2. 行为主义心理学流派

行为主义心理学产生于20世纪初的美国，行为主义心理学分为旧行为主义心理学和新行为主义心理学。

旧行为主义心理学产生于1913年，创始人是华生，他将心理学列入行为科学，心理学的目的是寻求预测和控制行为的途径。认为心理学应该研究人的行为，而不应该研究人的意识，并提出人的行为的基本因素是刺激和反应。华生认为人类的行为都是后天习得的，环境决定了一个人的行为模式，无论是正常的行为还是病态的行为，都是经过学习而获得的，我们可以通过寻找环境刺激与行为反应之间的规律性关系，达到预测并控制动物和人的行为的目的。

新行为主义心理学是以斯金纳为代表，他提出了操作性条件反射（斯金纳木箱），为什么有的行为能够巩固下来形成习惯，有的没有，关键在于这种行为是否得到奖励。例如：在工作岗位上努力工作，得到奖励，努力行为会继续，反之，行为会停止。斯金纳的理论是有局限性的，在我们的生活中有一些人在遇到困难时百折不挠，最终战胜困难。

知识链接

斯金纳箱实验

斯金纳关于操作性条件反射作用的实验，是在他设计的一种动物实验仪器即著名的斯金纳箱中进行的。箱内放进一只白鼠或鸽子，并设一杠杆或键，箱子的构造尽可能排除一切外部刺激。动物在箱内可自由活动，当它压杠杆或啄键时，就会有一团食物掉进箱子下方的盘中，动物就能吃到食物，对动物的操作行为给予强化，从而使动物按压杠杆的动作反应概率增加。斯金纳认为，这种先由动物做出一种操作反应，然后再受到强化，从而使受强化的操作反应的概率增加的现象是一种操作性条件反射。

3. 人本主义心理学流派

人本主义心理学是由美国心理学家马斯洛在20世纪50年代末60年代初建立的，他认为本能是人和动物所共同具有的，潜能是人所特有的，研究人的心理不应该从人的本能出发而应该从人的潜能出发，他认为人的本性是善良的，与弗洛伊德相反，人有自我实现的需要和巨大的心理潜能，这些潜能与人的本能相比脆弱得多，这些潜能只有在适当的环境中才能得到发挥，在恶劣的环境中很容易被摧残。马斯洛所说的人所特有的潜能如爱的潜能、创造的潜能、智力的潜能都是善的，不是像弗洛伊德所说的那样是恶的。弗洛伊德是对病态人的研究，而马斯洛是对健康人的研究。

案例赏析

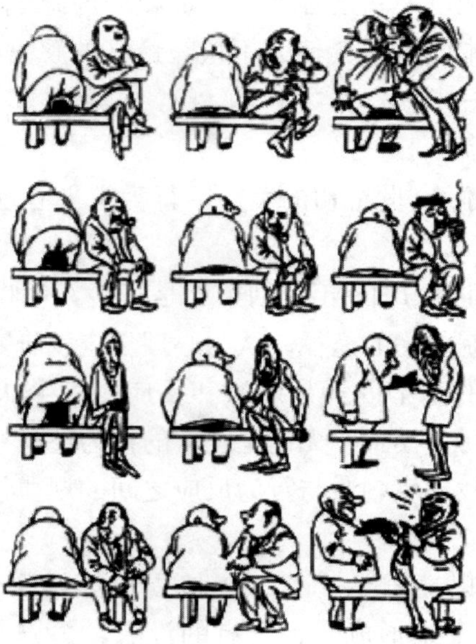
四种典型气质类型

不同的气质类型在不同的情景中会做出不同的举动，根据前面讲授的内容分析一下上面图片中所展现的四种场景可能是哪种气质类型的人的反应？

评析：气质类型反映了心理活动力方面的特征，我们可以根据不同的气质类型的特点预测其在不同情境下的行为表现。通过分析，上图所体现的分别是胆汁质、黏液质、抑郁质和多血质类型的行为表现。

答疑解惑

在我们的日常生活中确实存在一些“日有所思，夜有所梦”的现象，让我们觉得梦具有神奇的力量，有预测未来的能力。按照弗洛伊德的观点，人的本能欲望只有在梦里才会显现出来，所以他认为解决心理问题，要从一个人的梦境出发，了解了其本能欲望，再以一种社会允许的方式将本能欲望这种能量发泄出来，心理问题才会解决。但是随着科学技术的发展，尤其是生物学的发展，人们从自然科学的角度给予“梦”新的解释，使我们对梦有了更深刻的认识。

任务二 旅游服务心理学概述

案例导入

黄渤帕劳潜水捞到“中华”烟盒

2014年2月，黄渤在太平洋岛国帕劳度假时，在其微博中晒出了中国游客随手乱扔垃圾的照片，并感慨地说：“那日帕劳潜水，正为上帝的奇作美景赞叹不已，突看见水面漂浮一烟盒，心中暗骂哪来的无德之人，这么干净的水怎丢得下手。突然看见烟盒上两个大字‘中华’，臊得我上去一把捏在手里，像做贼一样生怕被别人看见，一直带回岸边，朋友啊，去别人家做客咱客气点，这俩字的脸丢不起啊!”

资料来源 http：//go. huanqiu. com/zhuantiyongwen/2014-04/4947412 _ 2. html，2016-12-20.

? 问题与思考

在海外旅游，游客代表着祖国的形象，从专业的角度谈谈如何提高中国游客的素质，减少不文明行为?

知识探究

旅游心理学是心理学的一个分支，它是把心理学的研究成果和相关理论应用到旅游领域而产生的一门新兴的应用学科。自旅游心理学问世以来不过三十多年的时间，1981年，美国佛罗里达中心大学旅游研究所所长小爱德华·J·梅奥和商业管理学院副院长兰斯·P·贾维斯编著了《旅游心理学》一书出版，该书第一次从行为科学角度考察旅游和旅游业，从心理学的角度分析研究旅游者的旅游行为，该书的出版标志着旅游心理学的诞生。由于研究时间较短，其研究成果并不丰富，旅游心理学还是一个不太成熟的学科。

一、旅游服务心理学的研究对象

(一) 旅游者心理

旅游者的旅游消费行为是在其消费心理的支配下发生的，因此了解旅游消费过程中的心理状态及其变化规律是十分必要的。对于旅游行业的从业人员，了解游客的心理规律对他们正确理解并预测游客的行为很有帮助，从而为影响和引导客人的行为打下基础。

旅游者在旅游活动中的各种行为无不受到心理活动的支配。例如旅游目的地的选择，采取何种方式旅游，旅游目的地逗留时间的长短，确定什么样的旅游内容，选购何种旅游商品等，其中每一个环节和步骤都会引起旅游者的心理反应，旅游者要在自己需要的基础上，在信息的支撑下对多种选择进行比较、分析、决策等一系列的心理活动，最终完成一次旅游经历，所以，旅游者的旅游行为都是在一定心理活动支配下进行的。

旅游心理支配着旅游者的旅游行为，虽然旅游心理是内隐的，但其心理活动是可以通过外显的行为表现出来的，我们正是通过外在的行为表现来推断旅游者的心理特征。旅游者在消费过程中发生一系列的心理反应活动，具体包括：旅游感知、旅游动机、旅游态度、旅游活动中的情绪情感、旅游者人格和旅游审美心理等。旅游心理学将旅游者的这些影响旅游行为的心理活动要素作为首要的研究对象，以便更好地理解旅游行为。旅游企业经营者也必须关注旅游者心理活动的规律和需求，谁把握了旅游者心理，谁就可以把握旅游市场的变化，谁就可以抢占市场先机，甚至还可以开发新的市场。

（二）旅游服务心理

旅游服务心理要研究的是以旅游者为研究对象，在旅游业的主要工作范围内，如何根据旅游者的心理和行为特点，提供符合旅游者心理需要的最佳服务。研究旅游工作或服务对象是做好服务工作的前提，旅游业的宗旨是“顾客至上，宾至如归”。旅游从业人员首先要对服务对象有深刻的认识，并在工作实践中不断去发现和了解旅游者的心理需求，去迎合和满足旅游者的心理，才能保证应有的服务质量。旅游企业对旅游者的服务不是抽象的，而是通过导游服务、饭店服务、交通服务、购物服务等具体环节来实现的，旅游者在这些消费环节的心理需求都是不一样的，而且往往会因为外在环境的变化而发生改变，因此，在服务的过程中，旅游从业人员必须研究旅游者在旅游消费过程中的心理特点及变化，以及我们所应采取的相应的心理服务措施。旅游服务心理通过分析存在于旅游业服务过程中旅游者的心理因素，旨在揭示并遵循旅游者的心理和行为规律，采取相应的积极的服务措施，从而不断改进和提高旅游服务质量。

（三）旅游企业管理心理

管理最重要的职能是调动员工的工作积极性，创造性地去实现组织的目标，旅游心理学应在管理工作方面研究如何遵循人的心理和行为方面的特点而采取有效的措施。旅游心理学要研究什么是组织内成员在心理和行为方面的特点，在个体行为、团体行为、领导行为方面应该怎样调节和控制，从而发挥管理的最佳效能。在旅游管理实践中，管理者逐渐认识到，工作状态好的员工工作效率高，在工作中出现的失误也少，顾客的满意度高；员工心存不满，带着不良的情绪去工作，不可能为旅游者提供尽善尽美的服务。因此，要使旅游者得到最佳服务，关键在于拥有一支高水准、高素质的员工队伍，这就需要管理者将员工的利益放在首位，关爱下属、尊重下属，只有对员工的思想、感受和需要深入地了解，才能使员工获得提供优质服务所不可缺少的精神力量。旅游心理学的研究就是要从管理学的角度研究如何调动员工工作的积极性、如何引导员工培养良好的心态，也使其价值在企业得到最大限度的实现，同时，还为旅游企业员工培训提供理论原则与方法。

（四）旅游企业员工心理

旅游服务工作具有工作时间长、体力脑力负荷量大、突发事件多、心理压力大、工作要求高等特点，旅游工作者的心理素质、工作效率和服务技巧会直接影响旅游服务质量、旅游者的心理感受、旅游产品创新等问题，因此，旅游心理学必须研究酒店、旅行社等旅游企业的服务人员的从业心理，包括其从事具体工作的心理活动特点、应具备的心理品质，以及怎样锻炼和培养良好的心理品质。如何维护旅游工作者的心理健康，如何提高员工心理健康水平，探究旅游工作者疲劳心理的种类及原因、心理疲劳的表现、心理疲劳的预防和消除、工作疲劳的测定方法等都是旅游心理学关注的问题。因此，旅游从业人员的心理状态，也是旅游心理学关注的重点。

伴随着社会的发展和进步，人的社会交往和社会需求更加复杂。旅游企业是一个精神压力大、工作时间长、劳动强度大的企业，旅游企业从业人员面临着很多压力、很多冲突，如何让员工高效率地工作，如何让员工愉快地工作，如何让员工发挥其积极性、创造性，我们需要为他们创造一个良好的工作氛围，使他们调节好自身的心理状态，克服工作中的挑战、困难、挫折，这也是需要我们深入探讨的问题。

案例赏析

云南导游辱骂游客事件

2015 年暑假，山东烟台的娇女士趁假期带孩子到云南玩，但玩回来娇女士一家一点都不开心，还憋了一肚子气。原来，导游整天带着娇女士一家子到处购物，全程就没个好脸色，要是不买或者买得不多，导游就在车上一通发火。原本应该心情愉悦的旅行，变成了被导游训斥的日子。云南某旅游公司的这个导游到底是怎么骂人的？有一位游客用手机录下了她发飙的音频。

音频一开始，这位自称“小刘”的导游对游客好一番讽刺挖苦：“你昨天要是觉得一说普洱茶，你们家满山都是普洱茶，一说植物精油，你们家炒菜都是植物精油，一说翡翠，你们家镯子一地都是，你就是不喜欢戴，一说银子你们家银子都可以成筐，那你昨天就该交够旅游费用。”

接下来，这位导游开始强行对游客“推介”当地销售的银器。“我问一下在座的各位贵宾，咱们对银器感兴趣吗？感不感兴趣？”这时，大多数游客都以沉默相对，只有一位女游客勉强地说了句“还行”。这样的效果显然令导游“小刘”不满，她大声质问道：“只有一个姑娘回答吗？小刘我带着 42 个人，只有一个美女回答我的话，剩下 41 个人都是行李吗？”接下来，她提高音量又问：“感不感兴趣？”游客的回应仍然稀稀拉拉：“感兴趣。”

这哪里是去旅游啊！简直就是听那位导游训话。据娇女士说，因为他们身在异乡，人生地不熟，又怕出危险，所以全车人也不敢吱声，就由着那个导游在那发飙，大气也不敢出，但是回到家里越想越憋屈，觉得好不容易出去旅游，是花钱买罪受啊！

资料来源：http：//legal. people. com. cn/n/2015/0820/c188502-27492108. html，2017-10-12.

利用专业知识对导游小刘的行为进行评析。

评析：随着《中华人民共和国旅游法》的颁布实施，旅游市场趋于规范化，但是仍有一些旅行社违规违法行事，低于成本价销售旅游产品，旅行社靠客人消费弥补销售损失，导游靠客人的消费换取收入，若客人不消费，无论是旅行社还是导游都面临巨大损失，所以有一些低素质、没有职业道德的导游会在旅游服务过程中出现种种刁难游客，甚至侮辱游客的行为。对这种现象的制止，不仅需要我们提高整个旅游从业人员队伍的素质，旅游企业和旅游行政管理部门也应该考虑如何去保证导游的合法收入，只有大家的利益都得到保证，给人以安全感，旅游服务质量才会提高，旅游投诉才会大大减少。

（五）旅游目的地居民的心理

以往旅游心理学的研究主要集中在旅游者心理、旅游服务过程心理和旅游企业员工心理，很少去关注旅游目的地居民的心理。目前的旅游现象表明旅游目的地居民的行为表现也会对旅游者的旅游体验产生重要影响。例如旅游目的地居民对当地旅游开发的支持程度直接影响到旅游目的地的可进入性，若旅游目的地居民对旅游持支持态度，旅游者来到旅游目的地受到热烈欢迎，那么其心情就会比较愉悦；若旅游者的旅游行为被阻止，旅游者的需要难以在旅游目的地得到满足，就会产生消极的情绪。因此，旅游心理学的研究还应该研究旅游目的地居民的心理需求，他们要在旅游开发中得到哪些满足，旅游行为会给目的地居民的心理带来哪些变化，只有了解了这些内容，在具体的经营行为中才能平衡各方利益，使各方收益，为旅游目的地旅游事业的发展提供一个良好的旅游环境。

二、研究旅游心理学的基本原则

（一）客观性原则

所谓客观性原则，是指研究者要坚持实事求是的科学态度，按照心理现象的本来面目去反映、分析心理问题，而不附加任何主观的成分。按照这一原则的要求，研究者要保证获得真实的客观材料，要保证结论的内容确实反映对象自身的客观的真实联系，绝不能在调查之前带着主观偏见去搜集证据，在研究中主观臆测。

旅游心理学所研究的对象是特殊社会环境中个体或群体的心理现象，是客观存在的，由于其具有内隐性，这就使得研究过程和研究结果容易受到主观臆断的影响。因此，研究旅游者的心理活动，一方面必须以旅游者在旅游活动中被观察到的表现作为研究资料，客观地分析行为背后所存在的心理现象，揭示其发生、发展、变化的规律；另一方面研究者必须运用正确的研究方法，坚持实事求是的科学态度，舍得花费时间和精力，收集尽可能多的资料和数据，进行科学的分析和推断，从而获得真实的客观材料，保证结论确实反映对象的真实情况。

（二）发展性原则

所谓发展性原则，是指用发展的眼光看问题，把心理现象看成一个不断发展变化的过程，进行动态性的研究。按照发展性原则的要求，研究者在研究心理现象，揭示心理活动规律时，既要注意到研究对象稳定的特征，又要注意到研究对象所处的客观环境发生变化时，其行为和心理所发生的变化。例如旅游者在旅游的不同阶段其心理需要是不断变化的，在旅游的开始阶段，由于旅游者对旅游环境比较陌生，缺乏对环境的处置能力，往往对导游的依赖程度比较高，对导游的工作也比较配合，然而，随着旅游活动的开展，旅游者对旅游环境越来越熟悉，旅游者的独立性增强，旅游者变得自由散漫，我们可以通过这些外显的变化推断出旅游者在心理上经历了最初的紧张、顺从到后来的放松、展现自我的心理变化过程。

（三）系统性原则

所谓系统性原则是指用整体的观点看问题，把心理现象作为社会现象的一部分，用整体、系统、联系的观点进行分析研究。旅游者在不同的旅游环境中，行为和心理状态都是处在不断变化中的，同时，影响旅游者行为和心理的因素也是多方面的，所以，必须把每个因素都置于整个大系统中去研究分析，从整体上进行把握，决不可只从个别因素和个别方面孤立地分析研究。例如旅游的职业素质要求旅游从业人员对自己的情绪要有很好的控制能力，尤其是对悲观情绪的控制，我们不能因为服务人员一次在客人面前失控，就断定其没有职业素质，有可能这位服务人员遭遇了什么事情，才使其情绪失控，所以我们在分析问题时一定要从整体进行把握，全面考虑。

案例赏析

去日本买只马桶盖

赴日本旅游抢购商品一直是网络热门话题，2014 年，一篇名为《去日本买只马桶盖》的文章在网络热传，文中提到，中国大陆游客到日本疯狂购买带杀菌除臭、加热、冲洗等功能的马桶盖，让日本免税店卖到缺货，对大陆旅游者的购买力不敢小觑。游客称日本制造的马桶盖好用，又符合卫生原则。游客到日本购买的不仅仅是马桶盖，还有其他一些日用品，例如：电饭煲、吹风机、电动牙刷、菜刀、保温杯等。

能从心理学的角度分析一下游客的购物行为吗？

评析：游客到境外旅游疯狂购物已经成为一种较为普遍的旅游现象，一方面是中国游客收入水平提高，购买力增强；另一方面境外的旅游产品与大陆的同类产品确实在价格、技术等方面存在一定的差异，致使游客对境外购物情有独钟。另外，从众心理也是影响其消费行为的重要因素。

（四）理论联系实际原则

旅游心理学的研究有其理论目的，这是探索旅游者的心理变化规律，为了解旅游者的行为提供依据。旅游心理学的研究还有其实践任务，就是运用心理学的研究成果为旅游业的科学发展提供服务，对旅游企业、旅游者、旅游行政管理部门提出的现实问题进行解答，使旅游者的旅游需要得到最大限度的满足。

三、旅游心理学的研究方法

旅游心理学是心理学在旅游领域的应用，其研究方法主要来源于心理学中已经非常成熟的研究方法，同时又从旅游心理学这一学科的特点出发，有选择地使用这些方法。

（一）观察法

观察法是在自然的情况下，有计划、有目的、有系统地直接观察被研究者的外部表现，了解其心理活动，进而分析其心理活动规律的一种方法。观察法又分为自然观察和参与观察。自然观察是在自然情景中对人的行为进行观察，其主要特点是对观察的对象尽可能少地进行干预，这种观察由于观察对象很少被打扰，所以通过观察得到的信息往往更接近客观现实。参与式观察是通过观察者和被观察者之间的互动，从中获取所需的信息，由于观察者参与其中，获取的信息更有针对性，但是被观察者的行为往往会受到对方的影响，从而使信息失去真实性。

运用观察法，首先应该有明确的目的，要制定研究计划，拟订详细的观察提纲。观察过程中要敏锐地捕捉各种信息，并详细、准确地记录下来，及时给予整理和分析，以利于科学结论的产生。观察法是进行旅游心理学研究的最基本的方法，在不改变通常的旅游活动的条件、不被旅游者察觉的情况下进行，所以获得的资料比较真实。此外，运用观察法不需要控制或创设特定的条件，灵活方便，可以随时随地加以应用。但是由于观察者往往处于被动地位，只能等被观察的对象自然出现，不能在必要时反复观察，因而在观察所获得的资料中很难区分哪些是偶然的，哪些是规律性的。此外，观察法对研究者的要求较高，表面上看起来观察法很简单，但实际上运用起来难度较大，只有经过严格训练的人才能有效地利用。

（二）实验法

实验法是有目的地严格控制或创设一定的条件，人为地引起某种心理现象产生，从而对它进行分析研究的方法。这种方法涉及在改变一个或多个变量的条件下，观察这种改变对另外一个变量的影响。在控制条件下改变的变量被称为自变量，受自变量影响而改变的变量称为因变量。依据实验条件的不同，实验法可分为标准实验法和自然实验法。

标准实验法即在实验室内利用一定的设施进行实验研究的方法。进行标准实验时，要求对实验组和控制组进行全面的控制，防止其他因素干扰，以便观察实验因素对不同组别的作用。由于标准实验是在控制了其他因素的状态下进行的，又观察了现象变化的全过程，所以能够确定不同影响因素之间的关系，但这种试验也有一些不足，主要是实验情景太人工化，往往会影响被实验者的行为，被实验者总想揣摩实验者的意图，不能如实做出反应。

自然实验法即在日常生活的自然条件下，有目的、有计划地创设和控制一定的条件进行实验研究的方法。进行自然实验时，研究人员既不严格控制实验条件，也不太多施加人为影响，而是在自然状态下观察某一因素对不同组别的作用，然后加以比较得出结论。这种试验能够观察到被实验者的真实状态，但由于无法全面控制环境而不能准确确定不同影响因素之间的关系。

旅游心理学不同于一般的心理学，所以在实际研究中大都采用自然实验法。例如，我们为了了解旅游者不同的旅游服务需要，可以通过变动不同的服务态度和不同性别、不同年龄的服务人员进行旅游服务，从中观察旅游者的情绪反映、满意程度。自然实验法贴近实际，简便易行，兼具实验法和观察法的优点，所以被广泛应用。

（三）调查法

调查法是出于某一调查目的，用口头或者书面的形式向被调查的对象提问，让其回答，通过对其回答的内容进行分析来了解其心理活动的方法。用口头形式向调查对象提问，这种调查方法是访谈法，用问卷的形式向调查对象提问，这种调查方法是问卷调查法。

访谈法是研究者通过与调查对象进行口头交流来搜集信息资料的一种方法。访谈法又分为结构式访谈和非结构式访谈，所谓结构式访谈是指由访谈者按照事先拟定好的提纲提出问题，调查对象按照问题的要求逐一回答，这种方法的优点是针对性比较强，调查的问题比较明确，节省时间，研究者可以将调查对象回答的内容控制在一定的范围内，缺点主要表现在提出的问题针对性比较强，被调查者往往出于某种顾虑对调查工作不配合，或采取敷衍的态度。非结构式访谈是研究者事先不说出访谈的目的，而是围绕总体目标进行自由的交谈，在谈话的内容中搜集研究所需要的资料，这种调查方法谈话的气氛比较轻松，被调查对象可以坦诚地表达自己的真实想法，但是这种研究方法对研究者的要求较高，需要其具有一定的谈话技巧和较强的沟通能力，同时对搜集的信息资料进行区分和整理也比较难。

问卷调查法是由研究者根据调查的目的设计一份调查问卷，由被调查者进行填写，然后汇总调查问卷并进行分析研究的一种方法。问卷调查法要求被调查者回答问题要明确，要实事求是，这种调查方法主要的优点表现在可以同时进行大规模的调查，尤其是随着网络技术的发展，通过互联网发放调查问卷可以减少大量的人力成本，也给调查问卷的分析工作带来较大的方便，缺点主要表现在回收难，研究者难以监督被调查对象填写调查问卷的情况，难以把握问卷答案的真伪。问卷调查法是目前被应用最为广泛的一种方法，通过对调查问卷的分析，我们可以了解旅游客源市场的情况，了解旅游者、旅游企业和旅游从业人员的各种情况，以便提供有针对性的旅游服务。

问卷调查法的使用，关键是旅游调查问卷的设计，调查问卷一般由五部分构成：

（1）标题：对调查目的最简洁的说明。

（2）前言：说明调查目的、研究内容、研究的组织者和被调查者提供资料的保密承诺。

（3）指导语：怎样填写调查问卷的说明，注意事项。

（4）问题及备选答案：问卷的核心内容。

（5）结束语：对调查对象表示感谢。

四、研究旅游心理学的意义

研究旅游心理学对于发展旅游业，提高旅游服务质量，更好地满足旅游者需要以及完善旅游学科体系建设都具有重要意义。

（一）有助于推动旅游业的发展

旅游业是凭借旅游资源和旅游设施由旅游从业人员向旅游者提供与旅游活动相关的服务为主要特征的现代服务业，旅游者是旅游业服务的对象，没有旅游者也就没有旅游业，同时旅游从业人员的素质又是影响旅游服务质量的重要因素。旅游心理学是研究旅游者的心理特征和变化规律，以及旅游企业员工的心理，使其需要在实践中得以满足，即旅游者从旅游体验中得到快乐和满足，通过恰当的管理方式使企业员工高效地工作，使旅游业健康有序地发展。

1. 研究旅游心理学有助于改善旅游企业的经营管理

近些年我国的旅游事业发展迅速，旅游企业间的竞争也日益激烈，如何改善自己的经营管理水平，争取广泛的客源，是旅游企业首要考虑的因素。研究旅游心理学可以帮助我们运用心理学的知识去分析旅游者的心理规律，诸如旅游者旅游需要的发展变化趋势，根据其需要设计开发旅游产品，吸引旅游者；开展有针对性的旅游宣传，取得较好宣传效果；制定深受顾客欢迎的经营管理措施，改变经营环境，调整经营策略，提高旅游企业的经营效果。旅游心理学对旅游企业员工心理进行深入的研究，可以帮助管理者了解员工的心理状态和个性心理，了解企业内部的人际关系状况，有的放矢地做好员工的思想工作，调动员工工作的积极性，为实现组织的目标而努力奋斗，所以说，研究旅游心理学可以为企业的科学管理提供帮助。

2. 研究旅游心理学有助于科学地开发旅游资源和安排旅游设施

旅游资源和旅游设施是旅游业发展的基础，但是将旅游资源开发成旅游产品，并且得到旅游者的认可，就必须用到旅游心理学的知识。旅游资源的开发和利用是以旅游者的需要为前提的，旅游景观的开发和设计要依据旅游者的心理特点，充分考虑旅游者的兴趣、爱好、知觉特点和审美习惯，做不到这一点，开发后难以实现预期的经济价值和社会价值。旅游设施的安排也需要以旅游者的心理规律为出发点，现代的旅游交通是在完全考虑旅游者安全、舒适和快速的心理需要的基础上改进和发展起来的。现代酒店为旅游者创造方便、舒适、恬静的生活环境，在设施的安排上充分考虑到旅游者的生理及心理需要的，旅游娱乐设施的设计也离不开旅游心理学的知识。旅游资源和旅游设施的开发和利用一定要考虑旅游者的心理活动规律，否则不仅使旅游者的需要无法得到满足，同时也会造成资源的巨大浪费，甚至还会造成对旅游资源的破坏。

3. 研究旅游心理学有助于提高服务质量

随着旅游事业的发展，我国的旅游硬件设施进步明显，已经赶上了世界发达国家的水平，但是在软件方面与发达国家相比还有很大差距，服务质量仍然制约着旅游业的发展。在改革开放初期，旅游业承担着增加外汇收入的重任，国家对于旅游业的发展采取的是超前的发展方针，面对突如其来的海外客源市场，国家加快了旅游服务设施建设的步伐，硬件设施的建设取得了明显的进展，而在软件方面，需要在旅游知识、文化、思想观念等方面加以提高，为国家培养出大量的旅游服务人才，这也是我国旅游从业人员素质尽快适应旅游业发展的需要。通过研究旅游心理学，了解旅游者的需要、旅游企业员工的需要，了解旅游业对旅游从业人员的素质要求，为旅游服务质量的提高提供方向。

（二）有助于建立和谐的社会关系

旅游活动是一项综合的社会活动，旅游活动的开展涉及政府部门、旅游者、旅游从业人员、旅游企业、旅游目的地居民等诸多方的利益，这些群体间的关系处理不好，旅游业难以顺利发展。研究旅游心理学，不仅可以满足旅游者、旅游从业人员的心理需求，满足旅游企业对员工的心理素质要求，还能够了解旅游目的地居民的心理需求，并通过政府在利益群体间的协调作用，保持和谐的社会关系，使各利益群体在旅游实践中的需要都得到最大限度的满足。

（三）有助于完善旅游学科研究体系

旅游心理学是旅游学学科体系建设中不可缺少的一个重要组成部分，是各级旅游从业人员的必修课程，也是旅游院校教学体系中最基础的学科之一。我国对旅游心理学的研究起步较晚，尚未形成自己的学科体系，缺少专业的研究人员，相关的研究成果也较少，还没有形成系统的研究理论框架和研究方法，旅游心理学在我国旅游教育事业中的应有作用尚未充分发挥出来。因此，学习和研究旅游心理学对于建设中国特色的旅游心理学学科体系，进一步提高、完善和发展我国的旅游教育事业具有重要的现实意义。

答疑解惑

旅游者的素质是建立在整个国民素质基础上的，旅游者在境外旅游出现的不文明行为体现了有的人的素质还有待提高。另外，一些不文明行为发生时并没有得到强有力的处罚，使其行为被放纵，于是演变成一种不良习惯，这也是不文明旅游行为发生的重要原因。

项目小结

旅游心理学是心理学的一个重要分支，是心理学的理论知识在旅游领域的应用。旅游心理学以旅游者心理、服务过程心理、旅游企业管理心理、旅游企业员工心理为主要研究对象，其具体的研究方法包括观察法、实验室法和调查法。对旅游心理学的研究，对旅游者旅游需要的满足、旅游服务质量的提高、旅游业的健康有序发展都有重要意义。

实训练习

一、选择题

1. 心理过程包括（　　）。

A. 认知过程　　B. 情感过程　　C. 意志过程　　D. 学习过程

2. 被称为“心理学之父”的是（　　）。

A. 冯特　　B. 马斯洛　　C. 华生　　D. 斯金纳

3. 研究旅游心理学的原则包括（　　）。

A. 发展性原则　　B. 理论联系实际原则

C. 客观性原则　　D. 系统性原则

二、简答题

1. 旅游心理学的研究对象包括哪些？
2. 访谈法和问卷调查法各有什么优缺点？
3. 学习旅游心理学有什么重要意义？

三、综合业务题

任务名称	调查问卷设计及分析
工作任务	设计旅游调查问卷，并对调查的结果进行分析。
完成时间	90 分钟
任务目标	通过调查掌握某一旅游市场的情况。
任务要求	1. 调查问卷的设计要符合格式要求。 2. 调查内容要围绕调查目的展开。
研讨内容	
研讨成果	
讨论过程	
小组评价	
教师评价	

项目二 探索旅游者的感知特性

问题引入

在一家旅行社中，旅游服务人员与旅游者打交道的机会非常多，除了应掌握扎实的旅游管理专业知识外，旅游服务人员还应善于探索旅游者的感知特性，想其所想，思其所思，才能更好地为旅游者服务。那么，旅游者的感觉是什么，有什么特点？旅游者的知觉是什么，有什么特点？旅游者作为一种社会群体，其社会知觉是什么，如何运用？

任务导读

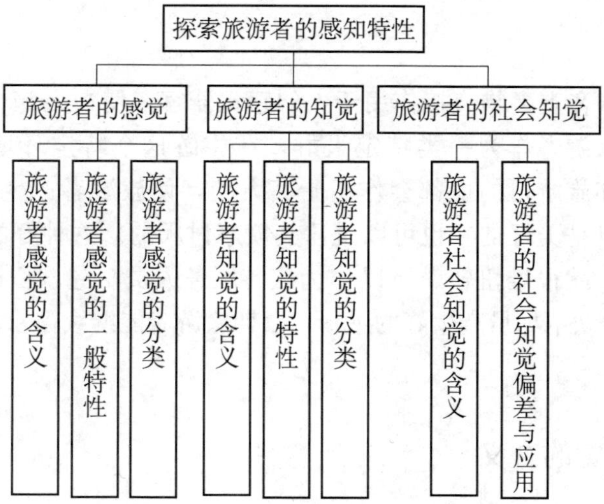

学习目标

知识目标：了解旅游者感觉、知觉和旅游者社会知觉的含义，掌握旅游者感觉、知觉的特点，掌握旅游者感觉、知觉在旅游活动中的运用。

能力目标：体会学习探索旅游者感觉、知觉的意义；了解探索旅游者感觉、知觉的方法，掌握探索旅游者感知特性的操作使用方法。

任务一　旅游者的感觉

案例导入

导游垫付游客治疗全部费用

河南省康辉国际旅行社旅行团赴宁波、普陀山、杭州等地参观游览时，其中一名游客不小心摔倒无法行走，导游小吴全程陪同照顾受伤游客、联系转院，并垫付了这名游客全部住院治疗及交通费用。

资料来源：http：//travel. people. com. cn/GB/139035/349552/index. html，2016-12-25.

? 问题与思考

1. 游客摔伤后的感觉是什么？

2. 当导游小吴悉心照料并垫付治疗费用后，游客的感觉是否会发生变化？会发生怎样的变化？

知识探究

在实践活动中，客观事物直接作用于人的感觉器官，使在人脑中产生了关于这些事物的感觉和知觉。旅游者作为一类特定人群，在旅游这个特定环境下，旅游过程中的人、服务、吃住行和旅游目的地都会作用于其大脑，使旅游者产生自我的感觉和知觉，这种感觉和知觉可以是美好的，也可以是让其愤怒讨厌的。这种好的或坏的感知在旅游者脑海中一经形成，就很难扭转。所以作为旅游服务人员，应该积极探索旅游者的感知特性，让其在旅游活动中尽量产生好的感知，以期旅游者能继续需求旅游服务和形成良好的口碑。

一、旅游者感觉的含义

我们丰富的心理世界的产生，都是建立在感觉基础之上的。我们的知觉、思维、记忆等高级过程，必须建立在感觉所提供的原始资料的基础上，而人的情绪体验的产生，也必须依赖于人对环境和身体内部状态的感觉。因此，没有感觉，一切心理现象都将无从产生。感觉是人脑对直接作用于感觉器官的客观刺激物的个别属性的反映，感觉过程是人体处理信息的最初阶段，是认识世界的起点。而旅游者的感觉对环境的要求更加具体，一个人开始了旅游的行程后，他在旅游过程中对衣、食、住、用、行这些刺激身体感官所获得的感知，就是旅游者的旅游感觉。

（一）感觉的含义

感觉是人脑对直接作用于感官的客观事物个别属性的反映。如听到声音、看到颜色、触摸到软硬、感受到冷暖痛痒等，都是人们对客观事物个别属性的反映，都属于感觉的范畴。

一个物体有各种物理属性，例如声音、味道等，这些会通过眼、耳、鼻等感觉器官进行一定的加工，最终在大脑中反映出来的就是感觉；同时，感觉也能反映来源于机体内部的状况和变化，如舒适、疼痛、饥渴等。总的来说，不管是外部刺激还是内部刺激，这种刺激只要作用于人脑，并被人反映出来，就是感觉的来源。

感觉是人们对客观世界认识的最简单形式。但旅游者在旅游过程中产生的体验，都是建立在对旅游产品和旅游服务感觉的基础上的。

（二）旅游者感觉的含义

旅游者的感觉是旅游者在旅游活动中，大脑对直接作用于其感觉器官的客观事物个别属性（如旅游景点环境，旅游服务人员服务态度，旅游中的吃住行等）的反映。在本项目的案例中，受伤游客对导游员无私相助的个别属性的反映，就是游客作为旅游者对旅行社所产生的感觉。

二、旅游者感觉的一般特性

旅游者作为人群中一个特定群体，他们的感觉的一般特性来源于人的感觉的一般特性，所以研究旅游者感觉的一般特性，就是在研究人的感觉的一般特性。内容是一样的，只是应用的领域和范围不同。

（一）旅游者的感觉适应

感觉适应是指由于刺激对感受器的持续作用而使感受性下降或消失的现象。我们的感觉最主要的功能就是对环境中的变化进行觉察，并且做出适当的反应。那些不变的或者重复的刺激，容易导致我们的感觉产生模糊或者消退的现象。

从黑暗的室内走到阳光明媚的室外，太阳光的光线会让人睁不开眼，感觉太亮了。但是，过了几秒钟，太阳光就不那么刺眼了。这种视觉的适应速度比较快，只需要几秒钟。听觉的适应也存在，但不像视觉适应那么明显。例如，在一个吵闹的环境中待久了，也就不觉得像起初时那么吵闹了。触觉的适应也很明显。例如，穿上衣服一会儿后，就感觉不到衣物的重量了。温度觉的适应同样也比较明显。例如，手放在冰水中，开始觉得水比较凉，但过几分钟后，也就不觉得那么凉了。嗅觉的适应也很明显，所谓“入芝兰之室久而不闻其香，入鲍鱼之肆久而不闻其臭”，说的就是嗅觉的适应。由此看来，感觉适应现象不仅在视觉中有表现，其发生在所有的感觉中，但是，其适应现象在各种感觉中的表现和速度不同。

感觉适应既然存在于人的所有感觉中，那么，旅游者的感觉也会具有感觉适应这一特性。旅游感觉的适应性是指在旅游过程中，由于某种刺激持续性作用于旅游者的感官而使其感受性发生变化的现象。这种适应性有其积极的一面，即旅游者能迅速融入旅游目的地的环境中；但是其也有消极的一面，即旅游者对某种刺激反应产生迟钝、麻木，接受刺激反应的兴趣逐渐减退。所以旅游服务公司或旅游服务人员应该根据旅游者这一特性，积极利用感觉适应来完善服务水平，创新服务方法和手段，推陈出新，让旅游者在旅游中不断有新的、有趣的体验。

（二）旅游者的感受性与感觉阈限

产生感觉体验所需要的最小的物理刺激量叫做感觉阈限；感觉器官对适宜刺激的感觉能力叫做感受性。感受性使用感觉阈限的大小来衡量：感受性低，其阈限值高；感受性高，其阈限值低。

感受阈限和感受性在旅游业中的应用主要有以下几个方面：

第一，旅游景区软硬件建设要考虑旅游者的感觉阈限和感受性，降低阈限值，提高感受性，让旅游者切实体验到旅游景区的与众不同和享受愉悦的体验。因为“愉悦的体验”是旅游行为的核心。

第二，旅游景区的自然景观和人文景观的打造也要以旅游者的感受性为最终目标。参观自然景观的旅游者，他们的感受性来源于自然景观的天然、恬静、浑然天成和让人放松的环境；而参观人文景观的旅游者，他们的感受性则来源于人文景观的背景、历史和传说等。旅游服务公司或旅游服务人员可以提供这些景观，满足他们的需要。

（三）旅游者的联觉

当某种感官受到刺激时出现另一种感官的感觉和表象，这种现象称为联觉。而旅游者的联觉指的是旅游过程中，旅游者的某种感官受到刺激时出现的另一种感官的感觉和表象。比如红色、橙色、黄色等视觉，会使游客产生温暖的肤觉感受，所以秋冬季节旅游服务企业可以把旅行大巴内部装饰成暖色调，以提高旅游者的温暖感受；而蓝、青、绿等颜色，则往往会使游客产生凉爽、寒冷的感觉，所以，夏季旅游车的装饰则应以冷色调为主。还有，游客看到不洁的食物，可能会有呕恶感；当游客闻到诱人的香味，可能产生饥饿感等。这些都是旅游者的联觉的运用和反应。

（四）旅游者的感觉对比

我们的感觉系统除了对一个持续重复的刺激发生感受性的变化外，当它在不同的刺激下，也会发生感受性的变化。比如，在旅游者旅游途中，导游员耐心讲解旅途景观，让旅游者边欣赏美景，边享受导游员的服务，这是一种好的感觉。但是，整个旅途，导游员一直喋喋不休地为旅游者讲解，让旅游者没有自由的时间和空间，旅游者的好的感觉就会变成坏的感觉。所以这个时候，懂得旅游者的感觉变化的导游员经常变换刺激旅游者感觉系统的方法，如讲解与自由活动交叉进行。这样就会给旅游者感觉系统不同的刺激，旅游者会感觉愉悦。

三、旅游者感觉的分类

任何感觉的产生，都有一个能量转换的过程：人类的感觉不仅仅是五官所产生的，主要的感觉有视觉、听觉、嗅觉、味觉、肤觉、运动觉、平衡觉、内脏感觉。可以根据刺激物及它所作用的感官的性质，将感觉区分为外部感觉和内部感觉。旅游者的感觉虽然只是一部分特殊群体的感觉，但是它必定也符合感觉的这两个分类。

（一）旅游者的外部感觉

外部感觉是指由来自肌体外部的客观刺激，直接作用于人的眼、耳、鼻、舌、肤等这些感觉器官时所产生的感觉，其包括视觉、听觉、嗅觉、味觉、触觉等。在这些感觉中，视觉对人的认识作用最大，在人接受的外部信息中，绝大多数都是通过视觉获得的，听觉次之。

在旅游活动中，旅游者的外部感觉也来源于感觉器官。比如，当旅游者在七八月份来到内蒙古大草原，他的视觉会告诉他草原的一望无际、蓝蓝的天空、白白的羊群；他的听觉会告诉他虫在鸣、鸟在叫、马儿在嘶叫；他的嗅觉会感觉到青草的香气、野花的香气、马奶酒的香气；他的味觉会感觉到手把肉的喷香口味、炒米的米香味和奶茶的香味；等等。那么，这些感觉都是在旅游活动这个特殊情况下产生的，所以它只属于旅游者，也是旅游者的外部感觉。

资料链接

感觉剥夺实验

Bexton，Heron & Scott（1954）首次报告了感觉剥夺的实验结果。在实验中，要求被试者安静地躺在实验室的一张舒适的床上，室内非常安静，听不到一点声音；一片漆黑，看不见任何东西；两只手戴上手套，并用纸卡卡住。吃喝都事先安排好了，用不着被试者移动手脚。总之，来自外界的刺激几乎都被“剥夺”了。实验开始，被试者还能安静地睡着，但稍后，被试者开始失眠，不耐烦，急切地寻找刺激，他们想唱歌，打口哨，自言自语，用两只手套互相敲打，或者去探索这间小屋。换句话说，被试者变得焦躁不安，老想活动，觉得很不舒服。实验中被试者每天可以得到20美元的报酬。但即使这样，也难以让他们在实验室中坚持2～3天。这个实验说明，来自外界的刺激对维持人的正常生存是十分重要的。

资料来源：郭黎岩．心理学．南京：南京大学出版社，2006：100－101.

（二）旅游者的内部感觉

内部感觉是指来自肌体内部的刺激直接作用于内脏器官所产生的各种感觉。内部感觉包括运动感觉、平衡感觉和内脏感觉。

1. 运动感觉

运动感觉，简称动觉，是指主体对身体各部分之间相对位置变动的反映，它是主体对身体姿势和身体运动的“感受”或意识。运动感觉包括：对身体各部分（躯干、四肢、头部）所处位置的感觉；对动作的样式、幅度和方向的精确性的意识；对动作的速度和平衡性的粗略意识；以及对身体在空间定向的较为模糊的感受。

2. 平衡感觉

平衡感觉是反映头部运动速度和方向的感觉。平衡感觉的感受器是内耳。当头部运动时，内耳中的液体随之摇动，内耳壁上的感觉纤维在液态的惯性作用下，产生神经冲动，继而传入人脑，产生平衡感觉。晕车、晕船现象就是由于身体急速摇晃，而前庭感觉来不及调整，从而产生眩晕的感觉。

3. 内脏感觉

内脏感觉也叫机体觉，是反映内脏各器官活动的感觉。内脏感觉的感受器分布于各脏器壁内，把内脏活动及其变化的信息经传入神经而传向脑，从而产生各种内脏感觉，如饥、饱、渴、胀、疼痛、恶心等。内脏感觉缺乏准确的定位，分辨力差。内脏感觉在调节内脏活动中起着很重要的作用。在通常情况下，内部感觉不会引起主观感觉，只有在内脏感觉十分强烈时，它才能被我们意识到。

旅游者的内部感觉也同样存在。当一个来到内蒙古大草原的游客选择了骑马的项目时，他就会切实地感觉到骑马的运动感、骑马带来的速度感和在马背上颠簸时身体各部位的感觉。这些其实都是旅游者的内部感觉，不同的旅游者的内部感觉是不同的。

答疑解惑

在案例中，如果游客在摔伤后导游对其不闻不问，游客就会对河南康辉国际旅行社感觉不良，在未来的旅游活动中就会排斥这个旅行社。相反，小吴的悉心照顾虽然只是一个导游员的行为，却为旅行社的声誉带来了极大的正面效应，游客会不断将自己的感觉通过各种途径传递出去，最终提高旅行社的声誉。所以把握旅游者的感觉规律，将有助于提高旅游服务的质量。

任务二　旅游者的知觉

案例导入

风声鹤唳，草木皆兵

东晋时，强秦一直想吞并晋王朝，秦王苻坚亲自率领八十万大军，去攻打晋国。晋国派大将谢石、谢玄领八万兵马迎战。苻坚当然很傲慢，根本没把力量悬殊的晋军看在眼里。可是，谁料到先头部队的前锋同晋军首战便被打败，苻坚慌了手脚，他和弟弟苻融趁夜去前线视察，他看到晋军阵容严整，士气高昂，连晋军驻扎的八公山上的草木，也影影绰绰像是满山遍野的士兵！接着，在淝水决战，秦军被彻底击溃，损失惨重，秦王苻坚自己受伤，弟弟苻融也阵亡了。苻坚仓皇而逃，他听到风声鸟声也以为是敌人追兵又到了。后人根据这段史实，造出了“风声鹤唳，草木皆兵”成语。

资料来源：http：//www.zybang.com/question/1358fce93aef09cb5dec22b4eb5ec620.html，2017-05-08.

? 问题与思考

1. 风声鹤唳，草木皆兵这个成语反映了人的什么心理?
2. 造成苻坚“草木皆兵”这种知觉的条件是什么?

知识探究

知觉与人的经验、知识、所处环境等都有关系，当一个人把他的经验、知识和所处环境等因素集合在一起时，做出的反应就形成了他特定的知觉。在旅游活动中，旅游者也会产生好的或坏的知觉，而好的知觉会促进旅游企业的发展，所以旅游服务公司应该在旅游开发、服务中，艺术性地运用这些规律，更好地激发游客的兴趣，提高旅游产品的吸引力。

一、旅游者知觉的含义

（一）知觉的含义

知觉是人脑对直接作用于感觉器官的客观事物的各种属性的综合性、整体性反映。为了准确把握知觉的本质，要做到以下几点：

第一，需要理解感觉与知觉的关系。感觉和知觉都是通过感官对当前事物做出的直接的、生动的反映，其差别则在于：感觉是对外界事物的个别属性的反映，如颜色、声音、形状、滋味等；知觉则是对事物的各种属性、各个部分及其相互关系的总和的、整体的反映。在知觉阶段，人们头脑中产生的不是事物的某个属性或部分的孤立的影像，而是具体事物的完整映像，如一座高楼、两棵大树、多辆汽车等。感觉和知觉又是不可分割的。知觉之所以在当前能够一下子反映事物的整体，是因为在此之前，已经经历了对该事物各种属性的感觉，并在大脑中储存着相同的感觉信息组合，因此当前只要有其中一种感觉信息的作用，就能引起这个感觉信息组合的兴奋，产生相应的知觉。所以说知觉是在感觉的基础上产生的，没有感觉信息的储备就没有知觉的形成。出于感觉与知觉的联系非常密切，人们往往把二者合称为“感知”。

第二，把握知觉的本质，还需要理解知觉与思维的关系。知觉的发生依赖于过去的知识和体验。人们在实践中积累了关于一定对象的知识和经验，他借助这些知识和经验，把当前的刺激物认知为现实世界的确定的事物。如果所感知的事物同过去的知识经验没有联系，就不能立刻把它确认为一定的对象。

案例赏析

视知觉失认症：约翰

视知觉失认症是大部分视知觉没有问题，患者通常能画出他们正在看的物体，视力并不差，缺失的只是无法理解他们看到的物体。

汉里夫和里德奇研究了一位名叫约翰的病人，他的视觉失认症状特别典型。从患者叙述中可以了解一些视知觉的问题：

我不得不想尽各种办法来认许多日用品，如果它们是单个放的，在房间里的固定位置，我可以认识。可当东西放在一起时，我的麻烦可就大了。要想认出一根香肠是“香肠”，比从一盘沙拉中挑出香肠难多了。中风醒来后，我从来没能单凭“看”就认出一个人来。如果不是听到声音，我根本无法认出我的妻子、孩子、家人和朋友。他还这样描述画笔：“它看起来像是两个东西装在一起：一根长木棍和一个较短的黑的东西。”

资料来源：郭黎岩．心理学．南京：南京大学出版社，2006：102－103.

评析：约翰的例子表明，视觉失认症的病人视知觉有很强的选择性损伤。物体识别由各种不同过程组成，大脑损伤可能并未波及大多数过程。更准确地说，约翰可以清楚地知觉物体的成分或特征，但却难以把这些特征组织起来，形成有意义的实物。

（二）旅游知觉的含义

旅游知觉是旅游者在旅游活动中对直接作用于其感官的各种刺激对象之属性的整体反映。旅游知觉的对象可以是物的方面，也可以是人的方面；可以是与旅游接待方相关的各种信息和事物，可以是旅游途中的各种人与物，也可以是与游客自身相关的各种事物，如旅游团队内的人际沟通、人际交往、人际关系等。

旅游者的知觉是在其感觉的基础上所形成的更高一阶段的旅游认知，旅游知觉的形成过程也会受到旅游者自身知识经验、思维方式等水平的影响，还会受到旅游者各种心理倾向和个性心理特征的影响，因此旅游知觉的内容就比旅游感觉的内容显得更加丰富，旅游知觉对旅游者的情绪情感体验与判断、旅游态度和旅游决策的形成等，在影响程度上也更具有直接性和决定性。

二、旅游者知觉的特性

与旅游感觉一样，旅游知觉也具有某些特性，了解这些特性，就可以把握旅游知觉的规律，对我们有效地进行旅游开发设计，更好地进行旅游服务有着重大的启迪意义。

（一）旅游知觉的整体性

在知觉过程中，人们总是根据自己的经验把知觉对象的各种属性整合为统一整体的组织加工过程。知觉对象往往是由许多部分组成的，各部分具有不同的特征，但是人们并不把对象感知为许多个别的、孤立的部分，而总是把它整合为一个统一的整体。

在旅游活动中，当客观事物的个别属性作用于旅游者的感官时，旅游者能够根据知识经验把它知觉为一个有机整体，这就是旅游知觉的整体性特征。旅游知觉的对象有时是由多个属性组成的，但旅游者并不是把它的各个属性感知为个别的孤立的部分，而总是把它知觉为一个统一的旅游刺激情境，甚至当只有某个或某些属性直接作用于旅游者的时候，旅游者也会对当下的刺激物产生整体性的知觉印象。

旅游知觉之所以具有整体性特性，一方面是因为旅游刺激物的各个部分和它的多种属性之间存在着某种必然性的联系，从而构成事物的完整性；另一个方面则是因为旅游者在对多种个别的信息综合为整体印象的过程中，他原有的知识经验起到了一定的提示、参照作用。例如当看到几枝粗壮的、结满杏果的枝丫伸出古庙的墙院时，旅游者们马上就会意识到，院内必有一颗非常茁壮、粗大、硕果累累的杏树；当旅游者看到某城市的文物景点保护得非常完好，环境卫生，秩序井然时，就可能由此对该城市形成良好的整体印象，发出“真是一座文明城市”的感叹；而如果在餐厅正好遇到一个服务态度差的服务人员，旅游者可能就会认为这个餐厅所有员工的素质都不高，也就不愿再次光顾。

在旅游知觉的整体性特征中，由于渗透着旅游者个人的主观因素，常常有失客观与准确，但是作为一种知觉规律，需要我们无论是在景观设计上，在旅游产品的开发上，还是在服务人员素质的提高、服务方式的改善上，都不可犯“因其善小而不为，因其恶小而为之”的错误，以免因“一点小错而污及全面”。

（二）旅游知觉的理解性

在知觉过程中，人对于知觉的对象总是以自己的过去经验予以解释、判断，把它归入一定的事物系统之中，从而能够更深刻地感知它。这就是知觉的理解性。旅游者在知觉某事物的时候，也总是根据已有的知识经验来理解、解释它们，并以概念或判断的形式把它们标志出来，这就是旅游知觉的理解性。显然，旅游知觉的这种特性是通过人在知觉过程中的思维活动实现的。

在旅游过程中，影响旅游者知觉理解性的因素主要有以下几个方面：

1. 旅游者的知识经验

旅游者的知识经验不同，对同一刺激物的知觉理解就会有所差异。比如面对同一幅名人的山水画，画家的知觉理解与感受必然迥异于普通旅游者，真的是“内行看门道，外行看热闹”。

2. 言语的提示与指导

言语的提示与指导对旅游知觉的理解性也有较大的作用，在对象的外部标志不很明显的情况下，言语的指导作用能唤起人们的过去经验，有助于对知觉对象的理解。

3. 旅游者的情绪、动机以及活动的目的等

不同的情绪，面对相同的刺激物，旅游者对刺激物的知觉理解也不同，因为他们赋予刺激物的意义是不同的，比如同是落花流水，快乐心境的旅游者会认为“落红不是无情物，化作春泥更护花”，而忧郁心境的旅游者则可能发出“问君能有几多愁，恰似一江春水向东流”的叹息。不同的动机、相异的活动目的，使得旅游者在知觉相同的刺激物时有不同的心理定势，这就有可能造成旅游者知觉理解的角度、内容、意义等方向的差异。

知觉的理解性可以使旅游者提高知觉速度、节约感知的时间，但也会使旅游者忽略一些细节，做出不够准确的判断，所以在旅游服务中，必要的、有效的、有趣的语言指导和提示，对补充旅游者知觉的内容、完善对知觉对象的理解、提高旅游者的审美享受、丰富旅游者的各种知识、方便旅游者的决策与行为选择等，都具有重要意义。比如浏览安徽碧山龙泉洞时，面对那些千姿百态的钟乳石，旅游者可能会眼花缭乱，但通过导游的介绍，各种充满神话色彩的石船、石蛙、孔雀、小黄山仙境、银河等形象就会变得栩栩如生。

（三）旅游知觉的选择性

知觉的选择性在于把一些对象（或对象的一些特性、标志、性质）优先地区分出来。客观事物是多种多样的，人总是有选择地以少数事物作为知觉的对象，对它们的知觉格外清晰，被知觉的对象好像从其他事物中凸显出来，出现在“前面”，而其他的事物就退到后面去了。

旅游者在旅游过程中，作用于其感官的客观事物是纷纭复杂、千变万化的，在一定的时间内不可能感受到所有的刺激，而是有选择地把少数刺激物作为知觉的对象，指向能够引起注意的少数刺激物，这就是旅游知觉的选择性。

旅游知觉的选择性在旅游活动中起着比较重要的作用，没有旅游知觉的选择就无法确定旅游认知的对象，更无所谓知觉的其他特性，所以影响旅游者知觉选择性的因素，也是影响旅游者知觉的因素，二者具有相同的内容。影响旅游者知觉选择性的因素可分为客观和主观两个方面。

1. 客观方面的因素

（1）刺激物的物理特征。

刺激物的特征，如形状、声音、颜色、气味等，越鲜明、突出就越容易被旅游知觉所选择。如导游员手中的旗子也是越鲜亮耀眼，越容易被旅游团队的成员在众多的队旗中，挑选出来给予特别注意。响亮的声音、独特的造型、醒目的色彩都是容易引起旅游知觉选择的主要因素。

（2）知觉对象和背景的关系。

知觉对象和背景在强度、颜色、形状等方面的差别越大，知觉对象就越容易从背景中被区别出来。另外，处于变化和动态的事物比处于静态的事物更容易成为知觉对象。如倾泻而下的瀑布、寂静山谷中潺潺的溪流、旋转着的旅游娱乐设施、亮度与色彩变化多端的灯光，都容易被旅游者在众多的环境刺激中一下子挑选出来。所以在旅游资源的开发方面，必须有意义地运用对象与背景的关系，以便更好地突出主题，凸显特色，吸引游客的感知选择。

（3）刺激物的组合方式。

旅游者在知觉外界对象时，并没有把外界的事物看成杂乱无章的，而是依据事物间的组合特点，把它作为一个整体进行知觉反映。

（4）他人的提示。

他人的提示不仅有助于旅游者知觉的理解性，也是帮助旅游者迅速区分出知觉对象的主要条件。这一点在游览过程中体现得最为充分。导游员的讲解可以使游客在景区诸多的刺激中，挑选出最有特色的景点、景观作为知觉对象，不仅可以节约时间，还能够抓住重点，提高旅游认知的水平和收获。

2. 主观方面的因素

（1）旅游者的需要与兴趣。

凡是能够满足旅游者的需要，激发旅游者动机的事物，都容易成为旅游知觉的对象；而那些不能满足旅游者需要，与旅游者的动机无关的事物，就往往被旅游者忽略。另外，被旅游者感兴趣的刺激才能成为知觉的对象，因为兴趣是人们积极探究某种事物或从事某种活动的渴望，所以凡是旅游者感兴趣的事物就能够进入旅游者的知觉范围中，其他的事物只能作为背景，甚至被排除在知觉之外。

由于旅游者的兴趣不同，面对相同的景观，他们形成的知觉印象也就会有所差异。可见无论是旅游规划与开发，还是旅游产品的设计、服务方式的创新，必须以旅游者的需要与兴趣为出发点，激发旅游者的需要与兴趣，才能吸引游客，促进旅游业的发展。

（2）旅游者的情绪情感。

旅游者的情绪情感有积极与消极之分。当旅游者处于不同的情绪情感状态时，其对当前刺激的选择会有非常大的差异。积极的情绪情感，会使旅游者主动地去感知眼前的事物，并且眼前的一切都会沐浴在他的幸福快乐中，从而显得物物有情，件件生辉；而消极的情绪情感会使游客较少地去选择知觉对象，甚至对一切刺激都毫无兴趣。可见，在旅游过程中，旅游服务人员必须明了影响游客情绪情感的因素，善于激发旅游者的积极情绪情感、调节旅游者的不良情绪情感。这不仅有利于旅游者的旅游收益，更能树立旅游服务人员的良好形象，提高旅游服务的美誉度。

（3）旅游者的个性特征。

旅游者的个性也是影响其知觉选择性的重要因素。不同个性特征的旅游者，在知觉的对象、知觉的广度和深度上都会存在一定的差别。比如在旅游活动项目上，性格内向的旅游者可能比较喜欢安静的项目；性格外向的则会喜欢参与性强、自我展示性强的项目。

（4）旅游者的经验知识。

在旅游者的经验知识中，既有旅游者的感性体验，又有旅游者的理性判断，尤其是对事物本质和规律的把握。当旅游者面对新的认知选择时，这些经验知识就会成为选择的参考，并对新的认知选择有一定的指导作用，这种指导作用中就包括对知觉对象的选择。旅游者的知识经验在丰富性、深刻性方面有一定的差异，也就必然使得旅游者的知觉选择有一定的不同。

（四）旅游知觉的恒常性

当知觉的条件在一定范围内发生改变时，知觉的印象仍然保持相对不变，这就是知觉的恒常性。例如，对过去认识的人，决不会因为他的发型、服装的改变而变得不认识；一首熟悉的歌曲，不会因它高八度或低八度而感到生疏，或因其中个别曲子走调，就认为是别的歌曲。当旅游知觉的条件在一定范围内改变了的时候，旅游知觉的印象仍然保持相对不变，这就是旅游知觉的恒常性。在旅游知觉中，知觉的恒常性表现得特别明显。对象的大小、形状、亮度、颜色等印象与客观刺激的关系并不完全服从物理学的规律。在亮度和颜色知觉中，物体固有的亮度和颜色倾向于保持不变。比如，无论是在强光下，还是在黑暗处，我们都是把煤炭看成黑色，把雪看成白色。

三、旅游者知觉的分类

同旅游者的感觉一样，旅游者的知觉也可以分为旅游者的视知觉、听知觉、触知觉和嗅知觉等；还可以分为空间知觉、时间知觉和运动知觉等。在实际工作中，旅游者对旅游条件的知觉是旅游决策的基础，其中主要包括对旅游地的知觉、对距离的知觉和对旅游交通工具的知觉。

（一）对旅游地的知觉

旅游地是指在一定地域空间范围内，以对客源市场具有吸引力的旅游吸引物为基础，形成旅游业吃、住、行、购物、娱乐五大要素综合协调发展的旅游目的地，也是旅游者期望到达并能满足其旅游需要的目的地。旅游者如何进行旅游决策，取决于旅游者的旅游目的。如果猎奇心理比较强，他会选择神秘的旅游地，去一探究竟；如果他的旅游目的是减压休闲，他就会选择静谧的自然景观处作为旅游地。

（二）对距离的知觉

旅游者在选择旅游地的时候，除了旅游地的吸引力外，还要考虑旅游地的距离。如果距离太近，容易到达却没有新奇感；如果距离太远，具有新奇感却难以到达。所以，距离在旅游活动中具有矛盾性。旅游者对距离如何选择，还要看其空暇时间，如果空暇时间比较多，就会选择一些远距离的景点；相反，如果空暇时间少，就会选择近距离旅游。

（三）对交通工具的知觉

因为旅游本身是一种休闲活动，所以旅游者对旅游交通工具的知觉主要体现为对交通工具安全、舒适、准时、方便和经济等方面的知觉。

答疑解惑

在案例中，苻坚先是因为自己军备充足，傲慢出战，结果先头部队却输了，这是体现出知觉形成的头两个首要因素，即苻坚傲慢的性格和他失败的体验；接着他又去前线视察，发现敌军阵容严整，这是第三个知觉形成的因素，他怕了；再一个就是，他是在夜里去视察，“夜晚”这个环境让他认为草木也是士兵，形成了知觉的第四个因素，他更怕了；最后一个因素是，淝水之战失败，自己受伤，弟弟死亡，这些因素已经让他不仅仅是简单的害怕，而是极度恐惧，最终这些因素叠加在一起，使他的关于“风声鹤唳，草木皆兵”这个知觉最终形成，并体现出来。

任务三　旅游者的社会知觉

案例导入

疑邻偷斧

从前，在乡下有一个人，他在自家的地窖中储存种子的时候，忘了将一把斧头从地窖中带出来。几天以后，他在要用斧头时，认为自家的斧头丢失了。放在自己家的斧头到哪里去了呢？他在自己家的门后面、桌子下面、堆柴草的房里找遍了，还是没有找到，他就怀疑是邻居家的儿子偷去了。到底是不是邻居家的儿子偷了呢？没有证据不能乱讲。于是，他仔细地观察邻居家的儿子，看他那走路的样子，很像是偷了斧头的，不仅如此，连他的神态、动作、表情也像，甚至他说话时的声调都像是偷了斧头一样。总之，越看越像，几乎可以肯定，就是他偷了斧头了！

过了几天，这个人到地窖去储存物品。当他下到地窖里的时候，发现了自家那把不见了好多天的斧头正躺在地窖里的地面上。

第二天，这个人再去看邻居家的儿子的时候，他的一举一动、一言一行，就连笑的神态，一点儿也不像是偷斧头的样子。

资料来源：http：//www.newxue.com/baike/12453404103999.html，2017-05-15.

？问题与思考

1. 疑邻偷斧这个典故反映了人的什么心理？
2. 造成疑邻偷斧这种知觉的条件是什么？

知识探究

案例中的典故虽然可能并不是事实，而是源于生活的一种文学升华形式，却也体现出人在不同的心理状态下会产生不同的知觉。这个知觉不再仅仅与人的经验、知识有关系，而是人作为社会人存在，他的知觉中有了一定的社会性。所以这是社会知觉在生活中的反映。在旅游活动中，旅游者这个特殊的社会人群在融入自然景观和人文景观时，就给这些景观赋予了社会性，同时，旅游者与导游员、司机、景区里的其他相遇的人等建立了不同的人际关系，所以这些旅游者有了人际关系存在的知觉，就变成了旅游者的社会知觉。

一、旅游者社会知觉的含义

社会知觉就是对人的知觉，它是影响人际关系的建立和活动效果的重要因素。旅游者的社会知觉是指旅游者在一定的旅游环境中对人所产生的知觉，是对旅游活动服务人员或景区里相遇的其他人的本质进行的判断与评价，是影响旅游者和旅游活动服务人员之间关系建立和旅游活动效果的重要因素。

旅游者的社会知觉是知觉的一种表现，与一般知觉的概念规定是一致的，也是对认知对象——人的各种属性所形成的直接的、整体的反应。但是旅行者的社会知觉作为在旅游这一特殊的社会生活过程中形成的知觉反应，就使它带上了一定的社会属性，从而使之与对物的知觉有了一定的区别，旅游者对人的知觉不再仅限于对景物那种表面上的知觉，而是要感知一个人（旅游活动服务人员、景区中的其他人）的面貌、面部表情、身体姿态、外在的行为等特征，同时，还要了解这些人的心理活动及其特征，包括需要、动机、兴趣、信念、观点等，并据此分析一个人的本质，对人做出评价和判断。直到这时，旅游者才会完成他的社会知觉。因此对人的知觉即社会知觉的性质，是带有一定社会意义的。

旅游活动中，旅游者的社会知觉主要包括对他人的知觉、人际知觉和自我知觉。

（一）对他人的知觉

对他人的知觉主要是指对人的外表、言语、动机、性格等的知觉。对人的正确知觉，是建立正常的人际关系的依据，是有效开展活动的首要条件。在旅游活动中，对人的知觉是指旅游者通过对一个人的外部形态和行为特征的知觉，进而了解其心理活动、心理品质的过程。一个人的这种特征包括相貌、穿着、风度、言谈、举止等，它们都是直接的知觉对象。旅游者获得了诸如此类的知觉信息后，其思维会参照原有的知识、经验进行加工处理，从而对人的内在心理品质，如人格、动机、态度、感情等做出判断和评价。

旅游活动中，对人的知觉包括很多方面，其中主要的有以下几点：

1. 对他人表情的知觉

表情是个体情绪状态的外显行为，是个体身体状态的一种客观指标，也是向他人传达信息的一种工具。面部表情包含着十分丰富的内容。比如，当一个人生气时，他会拉长脸，皱眉头，精神不振；而当一个人高兴时，会嘴角上扬，眼睛里带着笑意，红光满面。

所以，在旅游活动中，旅游服务人员要善于管理自己的表情，要保持微笑状态。同时要善于观察旅游者的表情，从他的表情中去判断他的需求，尽量满足旅游者的需求。这种做法不仅会让旅游者心情愉悦，同时有利于旅游服务企业本身乃至整个行业的发展。

2. 对他人性格的知觉

性格是一个人对待现实的稳定的态度和与之相应的习惯化了的行为方式，是人的心理差异的重要方面，是个性的核心。

在旅游活动中，对旅游者的性格，旅游服务人员无法一下得知，但是旅游服务人员可以通过旅游者的言谈举止去进行判断和预测，根据长期的服务经验和识人经验做出预判，然后再针对不同性格的旅游者提供不同的服务，有助于建立与旅游者之间的人际关系。

3. 对社会角色的知觉

角色是指人在社会上所处的地位、从事的职业、承担的责任以及与此有关的一套行为模式，如导游员、旅游者、商人、学生等。

角色知觉主要包括两个方面：一是根据某人的兴趣判定他的职业；二是根据对有关角色行为的社会标准进行判定。例如，人们对小偷角色的判断是：贼眉鼠眼，眼睛始终盯着人们的衣服口袋和包。这种角色知觉判断不一定完全正确，却是人们在第一次见面中的知觉。

旅游者的角色知觉是指旅游者对人们所表现的角色行为的知觉。每个人在不同的社会情境下都充当着不同的角色。人们通过人际交往、社会活动和商务活动，不断产生对他人的各种角色知觉，并借助于思维的作用，掌握各种角色的行为标准，形成角色意识。这些角色标准、角色意识便成为人们进行角色知觉与评价的参照。例如旅游者都会有旅游服务人员的言谈举止应符合礼貌、热情、耐心、周到、诚恳、敬业等要求。当服务人员符合这些标准时，旅游者就会对他们形成良好角色知觉与评价；反之，则会产生不良的角色知觉评价。

作为服务人员，其行为符合角色要求，不仅关系到其个人在旅游活动中的人际关系，还会影响到整个旅游企业的形象，因此强化旅游服务人员的角色意识，提高道德感、责任感，是旅游企业管理中必不可少的内容。

（二）人际知觉

人际知觉是人与人之间相互关系的知觉。任何一个人都与其他人发生联系，形成人与人之间的关系，表现为接纳、拒绝、喜欢、讨厌等各种亲疏远近的状态。对这种关系的正确知觉是顺利进行人际交往的依据。

旅游者的人际知觉是指旅游者与旅游服务人员及在旅游活动中相遇的人之间相互关系的知觉。这种知觉主要是在旅游活动这种特殊的人际交往中发生的，以各种交际行为为知觉对象。交际行为指人们在交往中相互接触和交换的言语、态度与动作，包括礼节、交谈、表情、援助、侵犯等行为。在感知这些行为的基础上，借助于思维的作用，使旅游者感知到自己与他人的关系是友好的、一般的或敌对的，并有与此相对应的情感。

在旅游过程中，旅游者面对陌生的环境，有非常强烈的人际需求，他们对人际关系的认知是比较敏感的，尤其是在旅游团队中，每位旅游者都希望得到公正公平的人际待遇，与他人建立起良好的人际关系。所以作为旅游服务人员，必须把握旅游者的人际知觉特点，通过规范、艺术性的交往，使游客产生良好的人际知觉，与游客建立良好的人际关系。同时还要提高自身的人际沟通与协调能力，使整个旅游团队处于和谐的氛围中。

（三）自我知觉

自我知觉是指一个人通过对自己行为的观察而对自己心理状态的认识。人不仅在知觉别人时要通过其外部特征来认识其内在的心理状态，同样也要这样来认识自己的行为动机、意图等。

自我知觉是自我意识的重要组成部分，随着个人的自我意识的发展，自我知觉经历着以下不同的发展阶段：

1. 生理的自我

个体主要表现为对自己身体、衣着、家庭和父母对他的态度以及对自己所有物的判断，从而表现为自豪或自卑的自我感情。

2. 社会的自我

个体的评价主要表现为自己在社会上的荣誉、地位、社会中其他人对自己的态度，以及自己对周围人的态度等方面的判断和评价，从而表现出自尊或自卑的自我体验。

3. 心理的自我

处于这一阶段时，个体主要表现为对自己的智慧、能力、道德水平等方面的判断和评价，从而表现出自我优越感等自我体验。

旅游者的自我知觉是指旅游中，旅游者对自身及其与外界关系的知觉。旅游者的自我知觉包括自己的外在特征、情绪、态度、个性心理特征、不同角色、社会关系和人际关系等方面的知觉。旅游者正确的自我知觉，有助于他选择合适的行为方式和行为目标，能够让其恰当地处理在旅游活动中自己与他人之间的关系，有助于其愉悦地度过旅游时间；反之，会使他出现行为偏差。

二、旅游者的社会知觉偏差与应用

社会知觉中，对人的知觉依赖多种因素，只有多种因素综合分析，才能得出正确的判断与评价，如果在综合分析时，因素分析不全面，就会出现社会知觉偏差。

在旅游知觉的形成过程中，由于渗透着旅游者个体的主观因素，难免使其知觉印象与客观现实有一定的偏差。这里“偏差”一词不能与“错误”等同，也不能把它理解为贬义词。“偏差”在这里是中性词，它本质上是对知觉印象规律的揭示。

（一）第一印象

第一印象是在第一次接触时所留下的印象。第一次来到一个新的环境、第一次见到的人、第一次出游等，由于是第一次，所以会有新鲜感，会记忆深刻。第一印象在人脑里形成后，会影响其后续对某事或某人的判断和认定。

旅游者的不断变换是旅游服务工作的一个显著特点，在与客人的短暂接触中，双方都来不及深入了解，因此，对于旅游服务人员来说，给旅游者留下良好的第一印象十分重要。

（二）晕轮效应

晕轮效应是一种普遍存在的心理现象，即对一个人进行评价时，往往会因对他的某一品质特征的强烈、清晰的感知，而掩盖了其他方面的品质。

资料链接

晕轮效应

晕轮效应最早是由美国著名心理学家爱德华·桑戴克于20世纪20年代提出的。他认为，人们对人的认知和判断往往只从局部出发，扩散而得出整体印象，也即常常以偏概全。一个人如果被标明是好的，他就会被一种积极肯定的光环笼罩，并被赋予一切都好的品质；如果一个人被标明是坏的，他就被一种消极否定的光环所笼罩，并被认为具有各种坏品质。这就好像刮风天气前夜月亮周围出现的圆环（月晕），其实，圆环不过是月光的扩大化而已。据此，桑戴克为这一心理现象起了一个恰如其分的名称“晕轮效应”，也称作“光环作用”。

心理学家戴恩做过一个这样的实验。他让被试者看一些照片，照片上的人有的很有魅力，有的无魅力，有的中等。然后让被试者在与魅力无关的特点方面评价这些人。结果表明，被试者对有魅力的人比对无魅力的人赋予更多理想的人格特征，如和蔼、沉着、好交际等。

晕轮效应不但常表现在以貌取人上，而且还常表现在以服装定地位、性格，以初次言谈定人的才能与品德等方面。在对不太熟悉的人进行评价时，这种效应体现得尤其明显。

资料来源：http：//zhidao. baidu. com/link？ url，2017-09-10.

晕轮效应是指人们在观察对象时会因从某些个别特征推及对观察对象的总体特征的认识。如旅游中，看到饭店前厅空气混浊、地面不洁，推断该店的餐厅、客房也是一样。这样，往往会带着较为严厉的眼光去看待以后接触的卫生工作，如注意到地上是否有污迹等。反之，如一进饭店看到清洁明亮的前厅，服务人员衣着整洁，留下良好的印象，常会推想到饭店其他设施也会一样好。对于旅游者来说，不应将局部印象泛化为整个旅游期的全部印象。单一的局部印象不佳，单次的卫生状态不良，并不等于整个旅游期均会这样；反之，刚接触时卫生状况好，并不等于以后均会这样，还需注意卫生防护。

晕轮效应和第一印象一样普遍存在，从本质上说，是以主观代替客观，前者是以部分特征泛化为全部特征，后者是以首次印象强化，并有滞后的影响。旅游者了解这一心理活动的特征，对于做好旅游卫生保健、维护心理健康、减少负面心理刺激都很有益。

（三）心理定势

心理定势指人在认识特定对象时，心理上的准备状态。也就是说，在对人产生认知之前，就已经将对方的某些特征先入为主地存在于自己的意识中，使知觉者在认识他人或认识一些事物时不自主地处于一种有准备的心理状态。

在旅游活动中，旅游者在旅游之前就听到很多关于导游员拿回扣的恶意传闻，旅游者在旅游过程中就会防备着导游员的任何推荐，只要导游员一给推荐商品，马上就会想到对方是拿了回扣的。旅游者的这种认知不是建立在实际调查基础上的，而是建立在心理定势基础上的。虽然可能他的这种认知并不正确，但是，整个旅游过程中，旅游者的心理活动都是以这个为基础的。那么，作为旅游服务公司，为了改善这种心理定势，就要积极去探索新的旅游服务策略来消除旅游者的这种不良的心理定势。

（四）刻板印象

刻板印象是指社会上部分人对某类事物或人所持有的共同的、笼统的、固定的看法和印象。这种印象不是一种个体印象，而是一个群体现象。例如，人们一般认为青年人有热情、敢创新而易冒进；老年人深沉稳重而倾向于保守。

刻板印象一方面有助于人们对众多的人的特征作概括了解，因为每一类人都会有一些共同特征，运用这些共同特征去观察每一类人中的个别人，有时确实是知觉别人的一条途径。另一方面，刻板印象具有明显的局限性，会使对人的知觉产生偏差。因为每类人中都有个体差异，而且人们的情况也会随着社会条件的变化而变化。因此在旅游工作中，知觉来自不同国家和地区的旅游者时，除了了解他们的共同特征之外，还应当注意不受刻板印象的影响，进行具体的观察和了解，并且注意纠正错误的、过时的旧观念。另外，旅游者也会对某类社会对象形成固定的印象，并对以后有关该类对象的知觉发生强烈的影响。所以旅游企业、服务人员要善于通过各种途径，如宣传、介绍、参与等，使旅游者不断感知旅游企业积极方面的信息，使之形成定型，产生积极的印象，以便在旅游者心目中树立良好的、长久的社会形象。

（五）期望效应

期望效应也叫皮格马利翁效应，是指人们基于对某种情境的知觉而形成的期望或预言，会使该情境产生适应这一期望或预言的效应。

这种效应认为，你期望什么，就会得到什么，你得到的不是你想要的，而是你期待的。只要充满自信地期待，只要真的相信事情会顺利进行，事情一定会顺利进行。相反来说，如果你以为事情不断地受到阻力，这些阻力就真的会产生。成功的人都会培养出充满自信的态度，相信好的事情一定会发生的。

资料链接

古希腊神话故事：皮格马利翁与他的雕塑妻子

这是一则古希腊神话故事。塞浦路斯的国王皮格马利翁是一位有名的雕塑家。他精心地用象牙雕塑了一位美丽可爱的少女。他深深地爱上了这个“少女”，并给她取名叫盖拉蒂。他还给盖拉蒂穿上美丽的长袍，并且拥抱它、亲吻它，他真诚地期望自己的爱能被“少女”接受。但它依然是一尊雕像。皮格马利翁感到很绝望，他不愿意再受这种单相思的煎熬，于是，他就带着丰盛的祭品来到阿弗洛狄忒的神殿向她求助，他祈求女神能赐给他一位如盖拉蒂一样优雅、美丽的妻子。他的真诚感动了阿弗洛狄忒女神，女神决定帮他。

皮格马利翁回到家后，径直走到雕像旁，凝视着它。这时，雕像发生了变化，它的脸颊慢慢地呈现出血色，它的眼睛开始释放光芒，它的嘴唇缓缓张开，露出了甜蜜的微笑。盖拉蒂向皮格马利翁走来，她用充满爱意的眼光看着他，浑身散发出温柔的气息。不久，盖拉蒂开始说话了。皮格马利翁惊呆了，一句话也说不出来。

皮格马利翁的雕塑成了他的妻子，皮格马利翁称他的妻子为伽拉忒亚。

资料来源：http：//baike. baidu. com/link？ url，2017-09-20.

旅游期望的实现情况会对旅游者在以后作同样的决定时起到重要的影响作用。不管其实现程度如何，都会作为一种成功的或失败的体验留存在他的记忆中，影响他对旅游目的地和旅游企业，甚至旅游从业人员的看法和态度。

从旅游者的角度来说，他的期望的实现评价标准是非常主观的，完全是来自旅游者自己的旅游目标和期望。因此，相同的旅游产品和服务，不同的旅游者就会有不同的评价，这种评价是旅游者的一种体验和感受。对于旅游企业来说，旅游者这种看似随意的评价却是终极评价。所以旅游服务企业应该尽量满足旅游者的期望，以此来提升企业名气。

（六）效果性偏见

效果性偏见是指那些鲜明的、更容易形象化的事件，与那些较难形象化的事件相比会被认为是较容易发生的。人们从一条一般公理演绎出一个具体的例证是很慢的。但是，从一个鲜明的例证归纳出一般公理是非常迅速的。

效果性偏见可以解释为什么生动的奇闻逸事通常会比统计数据更引人注目，以及为什么感知到风险和真实风险之间总是相差很大。比如人们感觉乘飞机要比乘坐汽车危险，是因为飞机失事事件给人的印象太深刻了。

在旅游活动中，某个旅行社的一次轰动较大的恶性事件一经传开，旅游者就会产生效果性偏见，旅游者不管偶然的一次恶性事件形成的原因，他们只关注结果。这说明旅游服务企业对旅游危机的合理规避是十分必要的。

答疑解惑

案例中“疑邻偷斧”的典故，就是典型的心理定势。当他感觉邻居家的儿子偷了他的斧子的时候，他怎么看他的言行举止都像偷了斧子一样鬼鬼祟祟，而当他知道邻居家的儿子没偷斧子时，又觉得他先前那种可疑的行为突然变得很正常，不再像一个小偷。

项目小结

本项目讲述了旅游者感觉、知觉和社会知觉三部分内容。首先介绍了旅游者感觉的含义、一般特性和分类，其次介绍了旅游者知觉的含义、一般特性和分类，最后介绍了旅游者社会知觉的偏差和应用，详细介绍了旅游者社会偏差的第一印象、晕轮效应、心理定势、刻板印象、期望效应和效果性偏见等内容。

实训练习

一、选择题

1. 旅游知觉的一般特性包括（　　）。

A. 知觉的选择性　B. 知觉的有效性　C. 知觉的恒常性　D. 知觉的角色性

2. 旅游感觉的内部感觉包括（　　）。

A. 运动感觉　B. 平衡感觉　C. 内脏感觉　D. 身体的感觉

二、简答题

1. 旅游者的感觉的含义是什么？

2. 旅游者的感觉的一般特性是什么？

3. 旅游者感觉的分类有哪些？

三、综合业务题

案例名称	晕轮效应的应用
工作任务	小刘是个专科生，和一群本科生、研究生一起到某外贸单位应聘，他知道如果只是简单地递交简历，肯定没有一点希望。他想了个点子，在中午招聘人员吃午饭时，他拿了一本英文版的画报在招聘台前有滋有味地阅读。 当招聘人员被彩色画报吸引过来之后，他就用流利的英语给他们讲画报上有趣的故事。当然最后的结果是，招聘人员收下了他的简历，他也成功地被招进了这家单位。
完成时间	15 分钟
任务目标	了解晕轮效应的重要作用。

任务要求	1. 与其他应聘者相比，小刘哪些方面做得更好？ 2. 为什么招聘单位选择了学历为专科的小刘，而不是其他的本科生或研究生？小刘最吸引招聘单位的特质是什么？ 3. 小刘如何利用了晕轮效应？
研讨内容	
研讨成果	
讨论过程	
自我角色	
自我评价	
小组评价	
教师评价	

项目三 掌控旅游者的旅游动机

问题引入

在旅游实践中，有的旅游者选择环境优美的海滨胜地，有的旅游者选择历史纪念地，还有的旅游者选择到沙漠探险；在出行方式上，有的旅游者喜欢坐火车出行，有的选择坐飞机出行，有的选择自驾车出行。你知道他们做出这些不同选择的原因吗？

任务导读

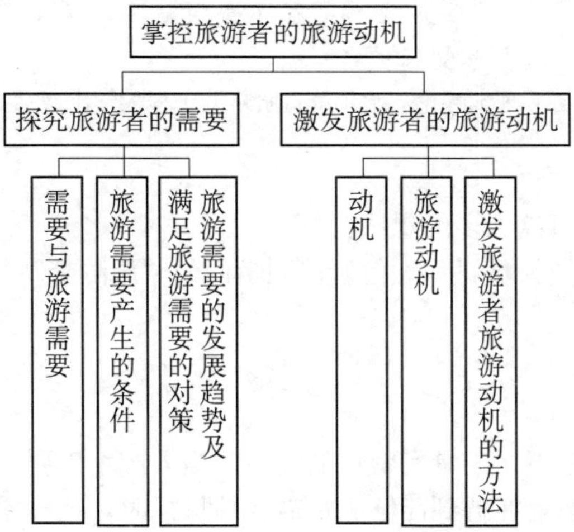

学习目标

知识目标： 理解需要的概念、特点、分类及马斯洛需要层次论；掌握旅游需要产生的原因及满足旅游需要的对策；理解动机的概念、作用；掌握旅游动机的类型及激发旅游动机的方法。

能力目标： 能够分析旅游者在旅游不同阶段的需要特点，以及不同类型旅游者的需要特点，并将这些知识运用到旅游服务中；能够分析旅游动机的特点和类型，并根据旅游动机的影响因素制定激发旅游动机的策略。

任务一　探究旅游者的需要

案例导入

旅游梦

教室里，同学们七嘴八舌地讨论着去海南旅游的梦想。

甲同学说："'十一'我打算去海南旅游，坐火车去，一路欣赏着沿途风光，犹如欧洲多国游一样过瘾。到了海南，我们要去海南腹地农村，考察那里农民的生产劳动及生活方式，体验收获各种热带水果的乐趣。那里的情况一定与咱们这儿不一样，我还要考察那里少数民族的风俗习惯，不知他们的民族文化传统到现在还保留下来多少。"

乙同学说："好主意，我也加入。不过我要去考察那里渔民的生活，最好能与他们一起出海打鱼，体验一下海上生活的乐趣。"

丙同学说："咱们这次主要是观光游，如果再加上海南探险游多好啊！领略原生态的大河山川的野性美、自然美，多刺激啊！"

丁同学听了以后笑着说："要是我啊，就住高档酒店，享受那里的椰风海韵和美味佳肴，灿烂阳光加温泉鱼疗，多享受啊！"

资料来源：辛建荣．旅游心理学导论．哈尔滨：哈尔滨工程大学出版社，2012：73－74.

? 问题与思考

1. 同学们为什么会有这么多的想法？
2. 如果你是旅游从业人员，你如何看待同学们的"旅游梦"？

知识探究

需要、动机、行为三者之间具有密切的关系。当人产生需要而未得到满足时，会产生一种紧张不安的心理状态，在遇到能够满足需要的目标时，这种紧张的心理状态就会转化为动机，推动人们去从事某种活动，去实现目标。目标得以实现就获得生理或心理的满足，紧张的心理状态就会消除。这时又会产生新的需要，引起新的动机，指向新的目标。这是一个循环往复、连续不断的过程。由此可以看出，需要是动机和行为的基础，人们产生某种需要后，只有当这种需要具有某种特定的目标时，需要才会产生动机，从而成为引起人们行为的直接原因。

一、需要与旅游需要

人的一生有各种需要，没有无需要的人，人没有无需要的时候。不同的人有不同的需要，不同社会和不同历史时期的人也有不同的需要。那么什么是需要呢？

（一）需要的定义

需要是个体感到某种缺乏而力求获得满足的心理倾向，它是有机体自身和外部生活条件的要求在头脑中的反映，是人们与生俱来的基本要求。需要就是人对某种目标的渴求或欲望，是人的行为的动力基础和源泉，是人脑对生理和社会需求的反映。

对于需要的定义，可以从以下几个方面来理解：

第一，需要是一种缺乏状态，这种缺乏状态是个体身体不断出现的内部状态。换言之，这种缺乏状态正是需要产生的原因。人的缺乏状态笼统地讲有两种，即生理上的缺乏和心理上的缺乏。

第二，需要是由缺乏状态引起的主体自动平衡的倾向。当人们缺乏某种东西时就会产生一种“想得到”的心理状态，通常以对某种客体的欲望、意愿、兴趣等形式表现出来。例如，饿了就需要食物、冷了就需要衣服、累了就需要休息等。

（二）需要的特点

1. 对象性

人的需要不是空洞的，而是有目的、有对象的，而且也随着满足需要的对象的扩大而发展。人的需要的对象既包括物质的东西，如衣、食、住、行，也包括精神的东西，如信仰、文化、艺术、体育；既包括个人生活和活动，如个人日常的物质和精神方面的活动，也包括参与社会生活和活动及这些活动的结果，例如，通过相互协作，带来物质成果，通过人际交往，沟通感情，带来愉悦和充实；既包括想要追求某一事物或开始某一活动的意念，也表现为想要避开某一事物或停止某一活动的意念，这些意念的产生都是由个人需要及其变化决定的。各种需要的区别就在于需要对象的不同。但无论是物质需要还是精神需要，都必须有一定的外部物质条件才能满足。例如，居住需要房子，出门要有交通工具，娱乐要有场所……

2. 发展性

人的需要是随着年龄、时期的不同而发展变化的。也就是说，个体在发展的不同时期，需要的特点也不同。例如，婴幼儿主要是生理需要，即需要吃、喝、睡；少年时代开始发展到对知识、安全的需要；到青年时期又发展到对恋爱、婚姻的需要；到成年时又发展到对名誉、地位、尊重的需要等。

3. 社会制约性

人不仅有先天的生理需要，而且在社会实践中，在接受人类文化教育过程中，发展出许多社会性需要。这些社会需要受时代、历史的影响，又受阶级性的影响。在经济落后、生活水平低下时期，人们需要的是温饱；在经济发展、生活水平提高的时期，人们需要的不仅是丰裕的物质生活，同时也需要高雅的精神生活。具有不同的阶级属性的人的需要也不一样，资产阶级需要的是不劳而获、坐享其成；工人阶级需要的是自由、民主和消灭剥削。由此可见，人的需要又具有社会性和历史与阶级的制约性。

4. 独特性

人与人之间的需要既有共同性，又有独特性。由于生理、遗传因素、环境因素不同，每个人的需要都有自己的独特性。年龄不同的人、身体条件不同的人、社会地位不同的人、经济条件不同的人，都会在物质和精神方面有不同的需要。

（三）需要的类型

人的需要是多种多样的，从不同的角度理解就会有不同的类型。例如，按需要的起源划分，可以分为自然需要和社会需要；按需要的内容划分，可以分为物质需要和精神需要；按需要的显现程度划分，可分为现实需要和潜在需要，等等。

1. 自然需要和社会需要

自然需要也称为生理需要、本能需要。满足这种需要的对象是那些维持和延续生命不可缺少的物质因素，如人们对阳光、空气、水的需要。社会需要是在自然需要的基础上进一步形成的，是指人们在生产、生活和社会交往活动中产生的需要。如对劳动、社交、尊重、成就、自我实现等方面的需要。社会需要源于人类的社会生活，并随着社会生活条件的不同而有所不同。社会需要也是个人生活所必需的，如果这类需要得不到满足，就会使个人产生焦虑、失望、挫折等情绪。

事实证明，人的自然需要与社会需要并不是截然分开的，人的自然需要不同于动物的自然需要，它的满足途径是受到社会性因素制约的。在科学技术发展、生产力提高和社会文明进步的今天，自然需要和社会需要的边界越来越模糊，人的某种需要往往同时具有生理特性和社会性特点。

2. 物质需要和精神需要

物质需要是人们对物质和物质产品的需要，如对衣、食、住、行方面等有形物品的需要。精神需要是人们对精神生活和精神产品的需要，如对知识的需要、美的需要、享受的需要、尊重的需要、发展的需要等，这类需要不是生理上的缺乏感，而是内心上的缺乏感所引起的。

物质需要不能简单地等同于生理需要。人们追求物质产品不单纯是为了满足其生理需要，随着社会的发展和进步，人们越来越多地运用物质产品体现自己的个性、成就和地位，因此，物质需要实际上已越来越多地渗透着社会需要的内容。

3. 现实需要和潜在需要

现实需要是指具有明确的消费意识和足够的消费能力，或者即将实现的消费要求和欲望。潜在需要是指未来即将出现的消费需要，它主要表现为两种形式：一种是具有明确的消费意识，但目前缺乏足够支付能力的那部分需要；另一种是有足够的支付能力，但由于目前消费者的消费意识不大明确或市场上还没出现所期望的产品，所以还没有形成现实需要的那部分需要。

对需要的分类只具有相对的意义。如为了满足求知的精神需要就离不开对书、笔等学习工具的物质需要；对食物的需要虽然是生理需要，但其对象的性质又是物质的。因此不同种类的需要之间是既有区别又密切联系的。

（四）需要层次论与旅游需要

美国著名的人本主义心理学家马斯洛认为，人的一切行为都是由需要引起的，他在 1943 年出版的《调动人的积极性的理论》一书中提出了著名的需要层次论。马斯洛把人的多种多样的需要归纳为五大类，并按照它们发生的先后次序分为五个等级（如图 3－1 所示）。

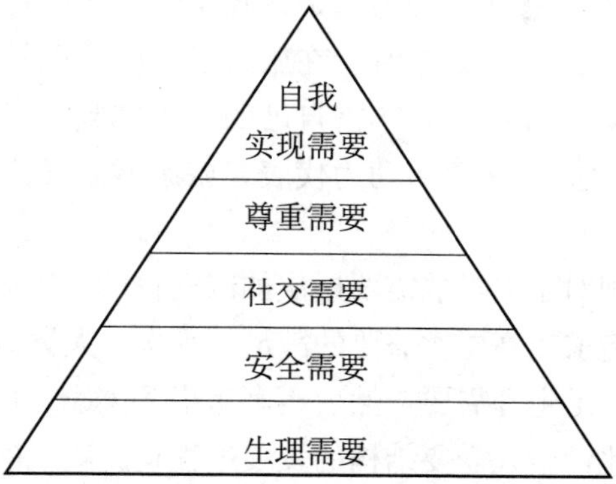

图 3－1　马斯洛需要层次图

1. 生理需要

这是人类最原始的也是最基本的需要，包括饥、渴、性和其他生理机能的需要，它是推动人们行为的最强大的动力。只有在生理需要基本满足之后，高一层次需要才会相继产生。旅游者或去名山大川消夏避暑，或离开嘈杂喧闹的都市，奔向宁静清新的乡村，或走出钢筋水泥的丛林，漫步鸟语花香的郊外，甚至离开居住地，只是为了去晒晒太阳，这很可能是人体内某些生理状态的需要所表现出来的旅游行为。

2. 安全需要

当一个人生理需要得到满足后，满足安全的需要就会产生。个人寻求生命、财产等个人生活方面免于威胁、孤独、侵犯并得到保障的心理就是安全需要。旅游者跟团旅游、入住星级饭店、游览著名的景区、选择大的航空公司等，都是对安全需要的追求，在旅游活动中希望获得生命财产安全，避免意外事件的发生，获得安全保障。

3. 社交需要

这是一种社会需要，包括同人往来，进行社会交际，伙伴、朋友之间的关系融洽或保持友谊和忠诚，人人都希望获得别人的爱，给予别人爱；并希望为团体与社会所接纳，成为其中的一员，得到相互支持与关照。旅游是象征性的社会行为，人们在愉悦的旅游环境中结识新朋友，得到旅游团队群体的接纳、支持、关心、爱护，获得友谊，甚至爱情。此外，来中国内地的港澳台同胞、海外华人华侨，为了缅怀先辈、重温历史、探亲访友等，也是属于社交需要。

4. 尊重需要

尊重需要包括受人尊重与自我尊重两方面。前者是希求别人的重视，获得名誉、地位；后者希望个人的价值、能力、成就得到社会的承认。旅游产品越是具有象征意义，旅游者越能获得成就感、优越感、自豪感，个人被尊重的需要越容易被满足。如旅游者漫游欧陆、探险两极、异国度假、环游世界、挑战荒漠、攀登珠峰、横渡海洋等。

5. 自我实现需要

自我实现需要是指实现个人理想、抱负，最大限度地发挥个人的能力的需要，即获得精神层面的真、善、美至人生境界的需要。马斯洛认为：为满足自我实现的需要所采取的途径是因人而异的。有人希望成为一位理想的母亲，有人希望表现在体育上，还有人希望表现在绘画或发明创造上……简而言之，自我实现需要是最大限度地发挥一个人的潜能的需要。旅游作为一种极具象征意义的行为，是自我实现需要的现实化的过程。旅游活动能够促进自我的成长、发展和完善，如旅游者在旅游过程中，能够开阔视野，获得新知，提高自己的认知、审美、人际交往能力，丰富自己的人生体验，完善自我。旅游是实现旅游者需要的重要途径。以探险类的旅游活动为代表，旅游能激发旅游者的潜能，使旅游者个人价值和潜力得以实现。

马斯洛是按照三条原则对于人类的需要层次加以安排的。首先，人类基本的需要必先得到满足，然后才会进一步追求较高层次需要的满足。其次，人类需要与个体生长发展密切相关。人出生时，最主要是满足生理需要，然后逐渐考虑到安全、归属、自尊的需要，最后才追求自我实现的需要，因此，个人需要结构的发展过程是波浪式的演进，各种需要的优势由一级演进至另一级。最后，人类需要的高低与个体生存有关。马斯洛认为，一个理想的社会，除了应该满足人们基本的生理需要外，还要使人们满足较高层次的需要，并鼓励个人去追求自我实现。我们认为，一个人只有把个人的需要和国家的需要以及社会发展的需要联系起来，才能有永不衰竭的动力，才能充分发挥个人的潜能，达到最大限度的自我实现。

二、旅游需要产生的条件

（一）旅游需要产生的主观条件

依据旅游需要的概念，人类的基本需要失衡并被感知、好奇心驱动是产生旅游需要的两个主观原因。

1. 基本需要失衡并被感知

基本需要失衡并被感知产生了变换生活环境以调节身心节律的旅游需要。人的身心的疲劳紧张和精神的相对空虚引起生理或心理的平衡失调，由此产生去外地摆脱紧张、补偿缺乏、恢复平衡的驱动力。现代社会生活节奏日益加快，紧张的劳动和工作会消耗大量体力和精力，引起身心疲劳，破坏生理和心理平衡，人们的心理日益处于紧张的状态。于是，人的神经系统要求补充消耗，缓解疲劳，恢复生理和心理平衡。当这种生理和心理不平衡现象反映到大脑时，尽管他们可能意识到自己劳动和工作的社会意义，并且具有相当的兴趣，他们仍会感到单调、枯燥和疲惫，仍会感到有一种力量要求他们暂时摆脱这种环境和活动，寻求一个新的环境和活动，调节活动节奏，以摆脱和释放紧张状态，补偿缺少的东西，恢复精力和体力。这种释放和补偿的极佳途径之一是旅游，人们就产生了变换生活环境以调节身心节律的旅游需要。人们通过旅游，短期改换一下生活环境，或欣赏山水风光，或体验风土人情，不仅可以愉悦身心，陶冶情操，而且可以开阔视野，增长知识，获得物质上或精神上的享受。旅游需要已经成为基本生活条件无忧的现代社会人们的基本需要之一。

2. 好奇心驱动

好奇心驱动了认识与探索的旅游需要。人为什么要去旅游？一个基本的原因就是满足人的好奇心，好奇心是人类和其他一些高等动物在面对新奇、陌生、怪诞或复杂刺激时所产生的一种趋近、探索，以求明白、理解和掌握的心理倾向状态。由于好奇心而产生的驱动力并不以生理上的需要为基础，也不是经过学习获得的，是由个体生活环境的刺激而引发的先天内在驱动力，是人类心灵正常发展的原动力之一，是维护心理健康的一个条件，也是旅游需要产生的根本性原因。

旅游目的地未曾亲见的自然现象和自然景观，不同民族的文化与历史所具有的神秘感，既具有新奇性，又具有复杂性，对成年人构成了永恒的吸引力，千百年来一直强烈地诱惑着人们外出旅游。为什么居住在旅游胜地周围的人们对当地的美景并不很感兴趣，或者说不像外地游客那么感到有吸引力，其中主要原因就是由于天天相见、日日接触，因熟视而变得无睹，并不是他们看不出来或根本不知道其美丽，而是这些景观对他们已经失去了新奇性与复杂性。越是奇特的事物和现象，人们就越是要去揭示它的秘密，人们对它的探奇求知欲望也就越强烈，这种探奇求知心如果没有反映到头脑中来，人们就当它不存在，自然不会形成探奇求知的旅游需要，一旦反映到头脑中来，便形成探奇求知的旅游需要。

（二）旅游需要产生的客观条件

产生旅游需要还要有一系列客观条件，如经济因素、时间因素、社会因素和旅游对象因素等方面条件制约着旅游需要的产生。

1. 经济因素

旅游是一种较高层次的消费行为，需要有一定的经济条件和支付能力做基础。旅游支付能力是指在人们的全部收入中扣除必须缴纳的税金和必需的生活及社会消费支出后的可自由支配的余额中，可以用于旅游消费的货币量。可自由支配的余额越大，旅游支付能力就越强。当一个人的收入水平仅仅能够维持基本生活需要时，他就很难产生外出旅游的需要。

影响产生旅游需要的经济因素还包括旅游产品的价格。一般而言，旅游需要与旅游商品价格之间具有负相关关系。在其他条件一定的情况下，人们对旅游商品的需求随着该商品价格的变动呈反方向变化，即需求随商品价格的上升而减少，随商品价格的下降而增加。但是，旅游商品目前还不是人们的生活必需品，价格对旅游需求的影响就不会以这样单一而明显的规律表现出来。旅游商品具有一定的昭示身份、地位的炫耀功能，并且某些旅游商品由于具有垄断性与文化特质，使其价格呈现出刚性的特征，会出现与一般规律相悖的情况，即当旅游商品价格过低时，有人会怀疑其价值；而当价格过高时，人们又会因为支付能力敬而远之，只有适中的动态定价才会带来最大量的需求。

2. 时间因素

余暇时间是指人们在日常工作、学习、生活及其他必需的时间之外的可以自由支配、可从事消遣娱乐或自己乐于从事任何其他事情的时间，包括业余时间、周末时间和一段集中的短暂假期。人们可以利用余暇时间进行包括旅游在内的休闲活动，余暇时间的增加，可以刺激人们的旅游愿望。

3. 社会因素

旅游作为现代人的一种生活方式，不可能离开社会背景而单独存在，旅游需要的产生与国家或地区的经济状况、文化因素、社会风气有密切关系。一个国家的旅游发展程度同其经济发展水平呈正相关。由于经济的发达，才有足够的实力开发旅游资源，建设旅游设施，促进旅游交通的发展，从而提高旅游综合吸引力和接待能力，激发人们的旅游兴趣和愿望。人们的周围环境和团体压力也会影响人们的旅游需要。单位经常组织旅游，或奖励旅游行为，对个体参加旅游活动有强势的吸引力，促进人们旅游需要的产生，增强旅游意识，强化旅游动机，形成旅游行为。社会风气与旅游时尚也能影响人们旅游需要的产生。邻居、同事、朋友的旅游行为和旅游经历往往能够互相感染、互相启发，在从众心理或攀比心理的作用下，也会产生旅游冲动，形成一种效仿旅游行为。个体的人格特质、知识与受教育程度、价值观念、生活经历与旅游阅历等个体受社会文化因素影响的状况，会影响人们的旅游方式。另外，旅游需求也对政治环境和经济环境的变化特别敏感，当旅游目的地发生社会动荡或与客源国关系紧张时，旅游者会出于安全考虑，放弃旅游计划或转向其他旅游目的地。

4. 旅游对象因素

客观存在的旅游对象也是旅游需要产生不可缺少的必备条件之一。旅游需要具有对象性，旅游对象是能使个体旅游需要得到满足的旅游客体。旅游需要里的旅游对象是主观形态的东西，是旅游需要不可或缺的内容之一。作为主观形态的旅游对象，实际上是客观存在的旅游对象刺激和诱引的结果，是客观存在的旅游对象在人脑中的反映。没有客观存在的旅游对象的刺激，旅游需要里也就没有主观形态的旅游对象；没有旅游对象作为刺激诱引条件，旅游需要也就不能产生。旅游对象对旅游者有无吸引力，取决于旅游对象被旅游者的知觉，旅游对象对旅游者有多大的吸引力，取决于它与众不同的特色。

案例赏析

《我想去桂林》歌词

我想去桂林呀，我想去桂林，可是有时间的时候我却没有钱。我想去桂林呀，我想去桂林，可是有了钱的时候我却没时间。

在校园的时候曾经梦想去桂林，到那山水甲天下的阳朔仙境，漓江的水呀常在我心里流，去那美丽的地方是我一生的祈望。

有位老爷爷他退休有钱有时间，他给我描绘了那幅美妙画卷，刘三姐的歌声和动人的传说，亲临其境是老爷爷一生的心愿。

评析：《我想去桂林》这首歌非常形象地表达了旅游需要产生的条件。旅游需要的产生不仅受到主观条件基本需要失衡并被感知和好奇心驱动的制约，还受到客观条件经济因素、时间因素、社会因素、旅游对象因素的制约。

三、旅游需要的发展趋势及满足旅游需要的对策

（一）旅游需要的发展趋势

1. 多样化的旅游选择导致的综合性需要逐步显现

旅游资源的不断开发，使旅游者对旅游地和旅游项目有了更多的选择余地，一些新型传媒的出现，又使很多人足不出户就能对很多旅游景点获得大致的了解，很多人对旅游线路、旅游项目的选择越来越“精挑细选”，传统旅游动机中以“到过某名山名水即为荣”的心理满足已经有所弱化，他们特别看好那些具有综合性特征的旅游地和旅游项目（即奇异独特的自然景观同特定的人文景观融为一体），从而在一次特定的旅游过程中获得集知识性、娱乐性、体验性、享受性等于一体的多重满足。

2. 个性化导致的对旅游特色项目的需要日益突出

个性特征对旅游需要的作用越来越大，表现在旅游行为方面，一些新颖有趣的“特色旅游”正越来越受到各种旅游者的青睐和偏爱。所谓“特色旅游”，其实就是旅游者怀抱着某种特定的兴趣和特定的目的，来选择适合自己个性的旅游地或旅游方式。有大量资料显示，各种各样的特色旅游是当代旅游行为中发展最迅速，总体前景也比较乐观的一大类型。

资料链接

五花八门的特色旅游

目前，旅游者的旅游需要呈现出多样化的态势，为了满足旅游者的多种需要，一些特色旅游在我国悄然升起，在我国发展较成熟、市场占有率较高的特色旅游形式主要包括以下几种：

(1) 徒步旅游：在步行过程中观赏自然风光，了解当地文化，增强身体素质，磨炼自身意志的一种旅游形式。徒步旅游又分森林徒步旅游、沙漠徒步旅游、峡谷徒步旅游等。云南的虎跳峡、四川的稻城亚丁等地都是徒步旅游的热点。

(2) 野营旅游：以野外宿营为主要内容，通过野炊等野外活动了解野外生存基本技能、与大自然零距离接触感受的一种旅游形式。野营旅游在城市周边开展得较多，与其他特色旅游相比，它的难度较小，所需要的时间和费用也不多，受到都市年轻人的欢迎。

(3) 高山探险旅游：以高海拔（一般为 3 000 米以上）山地为旅游资源，以探求、观赏高山独特的地形地貌、体验高山自然环境及气候特点、提高自身生理和心理素质为目的的一种旅游形式。

(4) 江河漂流旅游：以自然江河为旅游资源，借助无动力的漂浮设施，靠自然力和人力使旅游者从上游特定点抵达下游特定点，并在途中体验惊涛骇浪、观赏两岸风光的一种旅游形式。近几年，江河漂流旅游在全国各地蓬勃兴起。贵州兴义的马岭河峡谷、山西黄河壶口等地的漂流旅游是成功开发的范例。

(5) 洞穴探秘旅游：以天然洞穴为旅游资源，依靠专业设备，探察洞穴结构，观赏洞穴独特景观，体验洞穴特点，锻炼自身胆识的一种旅游形式。吸引旅游者的多为尚未开发、常规游客走不到的洞穴。我国西南地区的洞穴资源十分丰富，洞穴探秘旅游有着极大的潜力。

资料来源：http：//paper. people. com. cn，2017-03-02.

3. 由被动到主动，积极参与的意识日益增强

旅游者在其旅游过程中积极参与的愿望正变得越来越强烈，这是积极体验和积极参与的意识在现代人中不断强化的表现。这一趋势是世界性的，具有相当强劲的势头。随着旅游业的发展，以及我国居民旅游心理的成熟，旅游活动开展初期较易实现的“受苦饱眼福”或“静心品味山清水秀”的旅游形式，不可能永远是所有旅游者的爱好，随着旅游次数的增多和假期的延长，随着社会节奏的加快和开放力度的增大，积极的度假休憩新潮一定会到来。

4. 旅游需要的大众化、多样化的发展趋势

旅游活动渐渐成为众多普通人的休闲行为。同时，随着众多旅游者消费心理的日趋成熟和个性化的不断成长，对多样化消费档次和结构的需求成为旅游市场中一个重要的发展趋势。

（二）满足旅游需要的对策

1. 打造多样化旅游产品，满足旅游者不同层面的需求

旅游需要的多样性、综合性，必然要求旅游产品多样化。旅游产品多样化不仅是指旅游产品的类型与数量要多，也包括旅游产品的质量层次上的差异化，这样才能使游客根据自身条件，有更多的选择余地，才能满足不同阶层、不同个性的旅游者的多方面的需要。

2. 制定特殊性旅游产品，满足个性化需求

旅游需求个性化、特色化的发展趋势，必然要求旅游产品更具有针对性。针对不同的旅游目标市场提供差别化的旅游产品，根据旅游消费者的兴趣、爱好、价值取向，创造性地设计独具特色的旅游主题和旅游服务方式。

3. 提高旅游产品的文化内涵，满足旅游者不断发展的精神需要

随着旅游需要中精神因素的增强，文化能够提高旅游产品的商业价值和社会价值，提高在旅游市场的竞争力。旅游产品只有充满文化底蕴，才能保持持久的吸引力和旺盛的生命力。因此在开发策划旅游产品时，应充分调动本地所有可以利用的文化资源，挖掘文化内涵，满足游客对旅游文化品位的要求。还可以依托一些自然和人文历史资源，适当创建一些人造景点、娱乐设施和娱乐节目，使之集观赏性、娱乐性与参与性于一体，增强游客的体验与感受。

答疑解惑

问到为何去旅游，大家的答案一定是五花八门、种类繁多，正如案例中同学们的“海南旅游梦”，既有可能是为了扩大视野、获取知识，也有可能是休闲放松或体验生活，但其答案所触及的应该都是旅游的深层次的心理原因。从心理学的角度来讲，旅游行为的直接动力是人的旅游动机，而隐藏在旅游动机背后的原因则是人们的旅游需要，旅游需要为旅游的原动力。案例中同学们五花八门的“旅游梦”体现的是旅游者多样的旅游需要。

任务二　激发旅游者的旅游动机

案例导入

旅游九重天

网络上有人将旅游的境界分为以下九重：

第一重：奔有名的景点、大城市，如八达岭长城一段或巴黎凡尔赛。

第二重：奔略微偏僻的一些小地方，但交通便利，如周庄一类。

第三重：奔自然风景、山山水水，如武夷山。

第四重：奔边远山区，如我国的西藏、新疆，中东地区。

第五重：徒步穿越或骑自行车长途穿越，超过1 000千米以上者。

第六重：洲际环游，如穿越非洲、南北美洲。

第七重：花2 000万美元上太空。

第八重：奔文化底蕴深厚之地，融入当地生活，如对敦煌壁画激扬文字者，此类“驴友”博学多才。

第九重：坐家中，执《鹿鼎记》，阅之甚欢，乃忘所在。

资料来源：http：//www. docin. com/p-361411510. html，2016-11-20.

？问题与思考

1. 如何从旅游动机的角度理解“旅游九重天”？
2. 旅游业未来的发展趋势是什么？

知识探究

人们为什么要去旅游？即使去了同一旅游目的地，为什么旅游的具体目标也有差异？怎样才能让旅游者青睐某一旅游目的地？要想回答这些问题，就必须了解旅游动机的基本内容。

一、动机

（一）动机的含义

动机是引起个体活动，维持并促使活动朝向某一目标进行的内部动力。动机是用来解释人为什么有这样或那样的想法与行动。每个人的行为和活动都是由一定动机所驱使的，也就是说，动机是行为的直接动力，行为是动机的外在表现。

（二）动机的作用

动机在人类行为中起着十分重要的作用，动机在刺激和反应之间提供了清楚而重要的内部环节。人类动机是个体活动的动力和方向，它既给人的活动以动力，又对人的活动的方向进行控制。动机具有活动性和选择性。人类的动机好像汽车的发动机和方向盘，动力和方向被认为是动机概念的核心。具体地说，人类动机对活动具有引发、指引和激励的功能。

1. 引发功能

动机对活动具有引发功能。人类各种各样的活动总是由一定的动机所引起的，没有动机也就没有活动，动机是活动的原动力，它对活动起着始动作用。

2. 指引功能

动机像指南针一样指引着活动的方向，它使活动具有一定的方向，朝着预定的目标前进。

3. 激励功能

动机对活动具有维持和加强作用，强化活动以达到目的。不同性质和强度的动机，对活动的激励作用是不同的。高尚的动机比低级的动机更具有激励作用，动机强比动机弱具有更大的激励作用。

二、旅游动机

（一）旅游动机的含义

旅游动机是引发、维持旅游者的旅游行为并使旅游行为朝向某一旅游目标的内在动力。当旅游者产生旅游需要时，心理上产生紧张或不安的状态，成为一种内在的驱动力，于是就产生了旅游动机。旅游动机激发旅游者进行旅游行为，旅游者的旅游行为使旅游动机在旅游需要得到满足中不断减弱，直至旅游行为结束，旅游者心理的紧张也随之解除。然后又产生新的旅游需要及动机，引起又一个旅游行为。旅游动机的过程如图 3－2 所示。

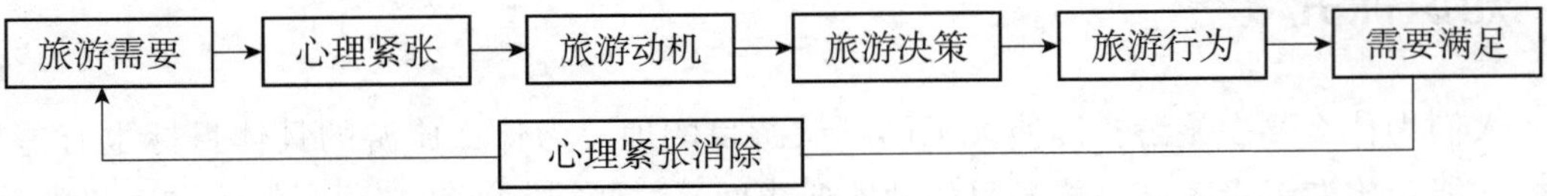

图 3－2　旅游动机的过程

（二）旅游动机的特点

1. 旅游动机的多样性

由于旅游者的性别、年龄、职业、性格、民族、收入水平、文化水平和生活习惯等的不同，旅游需要也是千差万别的。旅游需要是旅游动机的原动力，旅游需要的多样性决定了旅游动机也必然丰富多彩。除此之外，同一个旅游者在人生的不同阶段或者同一阶段的不同时期，其旅游动机也是多种多样的。

2. 旅游动机的对象性

旅游动机总是指向某种具体的旅游目标，即人们期望通过旅游行为所获得的结果。比如，长期工作的紧张感会使人产生去室外活动轻松一下或外出旅游的动机，寒冷的冬季会使人产生去温暖的南方旅游的动机，而炎热的酷暑又会使人产生去避暑胜地旅游的动机等。旅游动机表现出了人们对于某一事物或某一活动的指向，旅游动机一旦实现，总能给人们带来生理或心理上的满足。

3. 旅游动机的选择性

人们已经形成的旅游动机，决定着他们的行动以及对旅游内容的选择。由于旅游者在国籍、民族、职业、文化水平、性格、年龄、兴趣爱好、生活习惯和收入水平等方面存在差异，他们对旅游活动的内容有很大的选择性。比如，在黄金旅游周期间，有的旅游者选择江南古镇水乡游，有的旅游者选择巴黎假日七日浪漫游，有的旅游者选择各地的“红色旅游”线路；在旅游方式上，有的旅游者选择参加旅行社组织的团队旅游，有的旅游者选择自驾车旅游等。此外，以往的旅游经验使得人们能够对旅游行为的内容进行分析和选择，哪些旅游行为要先行实现，哪些旅游行为可以留待将来实现；哪些旅游行为较容易实现，哪些旅游行为一时难以实现等。

4. 旅游动机的相关性

旅游活动是一项综合性的社会文化经济活动，旅游者的旅游动机往往不是单一的，不同的旅游动机之间存在着相互关联，形成复杂的旅游动机体系。旅游动机体系中的各个动机具有不同的强度，在强度上占有优势的旅游动机往往主导着旅游行为，其他旅游动机则为辅助动机。比如，旅游者在游山玩水的同时，又想顺便探望一下老朋友；在外出经商考察的同时，又想欣赏一下当地的人文景观等。

5. 旅游动机的起伏性

人们的旅游行为是一个无止境的活动过程，因而旅游动机一般不会立即消失，它作为一种实际上起作用的力量常常会时断时续、时隐时现，表现出一定的起伏性。旅游者的旅游动机获得满足后，在一定时间内暂时不会再产生，但随着时间的推移或另一个节假日的来临，又会重新出现旅游动机，呈现起伏性。旅游动机的起伏性主要是由旅游者的生理和心理需要引起的，并受到旅游环境的发展进程和社会时尚的变化节奏的影响。

6. 旅游动机的发展性

当一种旅游动机实现后，会在其基础上产生新的旅游动机，成为支配人们旅游行动的新的目标和动力，这是旅游动机发展变化的规律。随着我国社会主义经济的持续发展和物质文化生活水平的不断提高，旅游者对旅游对象和服务的要求在不断地发展。这不仅体现在标准的不断提高上，而且更体现在种类的日益多样上。从我国旅游业的发展轨迹看，人们不但可以走出家门游览名山大川，更能跨出国门看看外面的世界；现在出门旅游除了能游山玩水之外，还可以让旅游有特色、有品位。不少旅行社为了满足旅游者的要求，已经从单纯的几十条国内旅游热线，拓展到数十条出国旅游线路、几百条国内游线；而城市观光游、生态游、健身游、探险游等专项旅游也纷纷出台，让旅游者各取所需。因此，旅游业作为文化性特征很强的经济产业，旅游资源的不断开发，旅游接待设施的不断完善，旅游产品的不断创新，正是旅游者需要不断发展的结果，使旅游动机具有发展性。

（三）旅游动机的类型

1. 旅游者一般性的旅游动机

旅游者一般性的旅游动机主要是针对旅游者进行旅游活动的根本原因而言的，具体分为生理性动机和心理性动机两大类。

（1）生理性旅游动机。

生理性旅游动机是指旅游者由于生理本能的需要而产生的旅游动机。旅游者作为生物意义上的人，为了维持、延续及发展自身的生命，会产生外出旅游的动机。当然，现代社会中，单纯受生理因素驱使产生旅游行为的旅游者已经很少见了，通常都是生理和非生理的旅游动机交织在一起，共同推动旅游者的旅游行为。

(2) 心理性旅游动机。

心理性旅游动机是指旅游者由于心理需要而产生的旅游动机。由于心理活动的复杂性，心理性旅游动机也比较复杂多变，难以掌握。比如，有的情侣选择一起出游，主要是出于感情的原因，而对于目的地的选择就变得次要了。

2. 旅游者具体的旅游动机

随着人们生活需要的多样化和复杂化，旅游动机变得多种多样，特别是旅游购买动机，更是相当复杂。很多学者都对具体的旅游动机做了很多研究，但由于他们选取的方法不同，研究的角度不同，所以研究结果也不一致。

美国学者罗伯特·麦金托什和沙西肯特·格普特在他们合编的《旅游的原理、体制和哲学》一书中将所有人的旅游动机分为四类：

第一类，身体健康的动机。这个动机的特点是以身体的活动来消除紧张和不安，它包括休息、运动、游戏、治疗等动机。

第二类，文化动机。这类动机表达了一种求知的欲望，它包括了解和欣赏异地文化、艺术、风格、语言和宗教等动机。

第三类，交际动机。这类动机表现为对熟悉的东西的一种反感和厌倦，出于一种逃避现实和免除压力的欲望，它包括在异地结识新的朋友，探亲访友，摆脱日常工作、家庭事务等动机。

第四类，地位与声望的动机。这类动机表现为在旅游活动交往中搞好人际关系，满足旅游者的自尊，它包括考察、交流、会议及满足个人兴趣所进行的研究等。

日本学者田中喜一在《旅游事业论》中将人的旅游动机归为四类：

第一类，心情的动机。这类动机的需要或心理主要包括思乡心、交友心和信仰心等。

第二类，身体的动机。这类动机的需要或心理主要包括治疗需要、保养需要和运动需要等。

第三类，精神的动机。这类动机的需要或心理主要包括知识需要、见闻需要和欢乐需要等。

第四类，经济的动机。这类动机的需要或心理主要包括购物目的和商业目的等。

以上这些分类就其内容来说，实际上大同小异。分析和研究旅游动机对于预测人们的旅游行为，开发旅游资源，提供合适的基础设施等都具有指导意义。

归纳起来，旅游动机大体有如下几个方面：

第一，文化动机。每个人都有好奇心，都有强烈的求知欲和猎奇尝新的心理。文化的差异以及文化的异地传播，使人们产生了接触异域文化的动机，他们希望通过旅游去了解异域的名山大川、风土人情和文化艺术。也正是因为如此，每个旅游地具有代表性的特色都会成为人们旅游的动机。这类动机表现为在旅游活动交往中搞好人际关系，满足旅游者的自尊。

资料链接

《禅宗少林·音乐大典》

河南《禅宗少林·音乐大典》是将文化与旅游很好地结合在一起的一个文化旅游

实例。

长期以来，人们用“白天看庙，晚上睡觉”来形容河南旅游，《禅宗少林·音乐大典》的上演，使河南旅游夜生活不再匮乏。景区弱化了少林寺刀光剑影的传统形象，可以在这里同和尚一起吃斋饭，听禅师讲中国文化，再看一场关于禅宗的演出。演出现场周围陆续建成男女分住的禅院和素斋餐饮点，成为体验少林禅宗文化的旅游目的地。

创新体现在每一个细节上。比如音响设施上，让36亿年的嵩山青石“唱起歌”，以嵩山青石为材料，利用新技术专门制造了石头乐器。

蒲团上感受天籁禅韵。剧场设在峡谷之中，名曰“待仙沟”，原本是一个荒凉、险峻的山谷，因《禅宗少林·音乐大典》的到来而闻名遐迩，变成了禅乐回荡、中国山水画般的天然剧场。180度的全景视觉，美轮美奂的山林清泉，若隐若现的古刹禅院，构成了演出的真实背景，独辟蹊径的蒲团坐席成为剧场的一大特色。整场演出完全在大自然的怀抱中进行，当今世界最先进的环绕立体声音响，与大自然的各种声响——水声、风声、林涛、虫鸣等在一起，构成了一种天籁般的禅韵。表现溪山坐禅、踏水行歌的《水乐·禅境》，以少林木鱼功和风幡心动为主题的《风乐·禅定》，传达寺院风铃和山岳风涛的《风乐·禅武》，再现塔林四季和轮回鼓声的《光乐·禅悟》，以及用有36亿年历史的嵩山青石制成的乐器奏出的《石乐·禅颂》，五大乐章带给观众不同的禅悟与感受。台上，近600人的禅武演绎，少林众僧的现场唱诵，春夏秋冬的景观变化，直指心性的佛乐禅音，合成了中岳嵩山别样的交响乐。台下，观众坐于蒲团，迎风看水，听禅赏武，随着音乐、灯光、舞蹈、功夫的奇妙变化，感受着清凉如水的禅意。山为琴，水为弦，近千名少林僧众倾情奉献这场天人合一的和谐之音，使我们在享受高度发达的物质文明的同时，能够停下匆匆脚步，聆听生命真实声音，从而使人生多一份淡定与从容。

资料来源：http：//wenku. baidu. com/view，2017-06-22.

第二，健康动机。这类旅游者的动机是为了休息、治疗、运动、消遣。他们平时工作压力大，生活节奏快，身体处于亚健康状况。通过旅游换个环境，摆脱现代社会紧张、机械、单调的生活和充满噪声、空气混浊的大都市，到风景优美的森林、海滩等地方旅游，以调节身心，消除疲劳，恢复健康。

第三，购物动机。近年来，随着经济的发展和人民生活水平的提高，单纯出行购物的旅游活动越来越多。生活在中小城市和大城市周边的人，通常会在周末带上家人或朋友到大都市去购物，如今香港、上海等都市旅游日益受到广大年轻人及白领阶层的欢迎，都说明了购物旅游动机的存在。据有关部门的统计，在到香港旅游游客的各项在港开销中，购物费用占了总开支的56.9%。

第四，交往动机。寻亲访友、寻根问祖的旅游动机自古就有。很多旅游者喜欢在旅游活动中结交新的朋友。特别是近年来，通过自助结伴旅游、网友的自驾游组合等，人们可以在旅游中体验结识新朋友的快乐。

第五，业务动机。由业务动机而进行的旅游活动，包括各种学术交流、政府考察和各种商务活动。据有关部门的统计，在国际旅游活动中，各种专业交流考察团占到了较高的比例。而我国也有很多城市发展会展旅游经济，形成了很多会议型的旅游城市，比如冬天的广州、海口，夏天的青岛、哈尔滨和厦门等，各种专业会议爆满。这些会议选择在这些地方开办，优美的环境是其受欢迎的重要原因。

三、激发旅游者旅游动机的方法

激发旅游者的旅游动机，就是要调动旅游者旅游的积极性，刺激旅游者的兴趣与需要，促使潜在旅游者积极地参与到旅游活动中去。旅游动机的激发主要是从改变外在客观条件，即提供旅游的外动力从而激发旅游者的内动力。旅游企业要从旅游资源开发、旅游产品设计、旅游优质服务、旅游营销规划等方面入手激发旅游动机。

（一）旅游资源开发

旅游行为的产生是内外因素共同作用的结果，内因是旅游者自身的因素，难以左右。旅游企业应着重从影响旅游者出游的外部因素着手，采取有效措施提高人们的旅游积极性，刺激旅游者的兴趣，促使潜在旅游者的旅游动机转化为旅游行为。旅游资源价值是其吸引力大小的关键，对于不同类型的旅游资源来说，其独特性越强，优势越明显。具体而言，旅游企业对旅游资源的开发应注意以下问题：自然旅游资源“原始化”；强化资源的独特性；可持续发展原则与环境保护意识；开发应以市场为导向，开发旅游者需要的旅游资源等。

（二）旅游产品设计

旅游产品的吸引力体现在其鲜明的特色、丰富的内涵和合理的价格上。具体而言，旅游线路的设计应遵循以下原则：线路设计要尽可能迎合旅游者的需求；做到人无我有，人有我优；生态效益原则；进得去，散得开，出得来原则；推陈出新原则；旅行安排的顺序与节奏感原则。

案例赏析

青海“农家院”

农家院是一座洁净整洁的小院，木雕、红砖、奇石、挂毯等富有民族特点的修建和装饰，让整个小院处处都透出一股浓烈的撒拉族风情。在饮食上，农家的饭菜以民族餐为主，游客能够挑选不同的标准，正餐前有十几种干果，最让人们赞不绝口的是近十种不同形状、口味的撒拉包子。在娱乐上，农闲时节，忙碌了大半年的村民们来到村里的“文化中心户”家里，大家围坐在热炕头，喝着浓浓的茯茶，听着民间艺人们自编自演的曲艺和小调，品味着生活的乐趣。还有欣赏农家特有的艺术：皮影戏、刺绣、手工绘画，以及其他形形色色的艺术品展示，丰富多彩。到此旅游的游客有充足的时间和机会与当地人民近距离接触，了解当地的文化，并与当地人民建立友好的关系。

资料来源：http：//wenku.baidu.com，2017-06-22.

试分析农家院在设计上有哪些特色？

评析：旅游产品的吸引力主要体现在鲜明的特色、丰富的内涵上。青海“农家院”的特色主要体现在其装修、饮食、娱乐以及特有的农家艺术上。

（三）旅游优质服务

尽善尽美的服务是激发旅游动机的前提。旅游从业人员应在规范服务标准的基础上向旅客提供个性化服务，最大限度地满足旅客的需求，以促使其再次消费或免费为本企业做宣传。这种借助旅游者向周围人宣传旅游的经历和感受的方式，也可诱发周围人的旅游动机，让更多的人投入到旅游活动中来。个性化服务水平的提高可以从强化员工的服务意识，提高服务人员的素质，优化旅游服务设施等满足不同游客的需求入手。

（四）旅游营销规划

旅游营销是发展旅游业、获得经济效益的重要环节，是指从了解旅游消费者的需求为起点到满足旅游消费者的需求为终点的全部企业经营管理循环活动。通过营销旅游企业突出自己的形象，扩大企业知名度，争得旅游客源，实现效益。旅游营销的手段很多，如企业可以通过网络、广播、电视、报刊、新闻发布会、展览会等对新开发的旅游景点、新开辟的旅游线路、新的旅游节目和内容以及旅游常识等进行长期连续的宣传、推广，以激发众多潜在旅游者的旅游兴趣。另外，营销的强度和规模达到一定程度就能优化社会环境，从而刺激旅游者个体的旅游动机。

答疑解惑

旅游动机因人而异，不同的旅游者因个性、收入、时间等因素有着不同的旅游动机，但就整体而言，在一定的时期和发展阶段，这些动机具有一定的共性。“旅游九重天”这个概念是以发展的眼光看待大众性的旅游动机，这种需求的变化必然会影响到旅游业的发展趋势。

项目小结

需要是个体感到某种缺乏而力求获得满足的心理倾向，它是有机体自身和外部生活条件的要求在头脑中的反映，是人们与生俱来的基本要求。人的需要是多种多样的，马斯洛把人的多种多样的需要归纳为五大类，即生理需要、安全需要、社交需要、尊重需要、自我实现需要。人类的基本需要失衡并被感知、好奇心驱动是产生旅游需要的两个主观原因。旅游需要的发展趋势表现为：多样化的旅游选择导致的综合性需要逐步显现；个性化导致的对旅游特色项目的需要日益突出；由被动到主动，积极参与的意识日益增强；旅游需要的大众化、多样化的发展趋势。根据旅游需要的发展趋势，旅游企业应从打造多样化旅游产品，满足旅游者不同层面的需求；制定特殊性旅游产品，满足个性化需求；提高旅游产品的文化内涵，满足旅游者不断发展的精神需要几个方面满足旅游者的需要。

动机是引起个体活动，维持并促使活动朝向某一目标进行的内部动力。动机对活动具有引发、指引和激励的功能。旅游动机是引发、维持旅游者的旅游行为并使旅游行为朝向某一旅游目标的内在动力。旅游动机具有对象性、选择性、相关性、起伏性、发展性等特点。旅游企业要从旅游资源开发、旅游产品设计、旅游优质服务、旅游营销规划等方面入手激发旅游动机。

实训练习

一、选择题

1. 按需要的起源划分，需要可以分为（　　）。

A. 自然需要　　B. 物质需要　　C. 现实需要　　D. 潜在需要

2. 旅游动机具有（　　）等特点。

A. 对象性　　B. 选择性　　C. 相关性　　D. 起伏性

E. 发展性

二、简答题

1. 简述旅游需要的特征与类型。
2. 旅游动机产生的条件有哪些？
3. 如何激发旅游者的旅游动机？
4. 简述马斯洛需要层次论在旅游活动中的应用。
5. 你认为旅游需要与旅游动机之间是怎样的关系？

三、综合业务题

案例名称	休闲旅游成热点
工作任务	据相关资料调查显示，休闲旅游逐渐成为家庭出游的主旋律，75.5%的受访者将“放松身心”作为旅游的目的，持有此意愿者在各个年龄段均超过63%。随着家庭式旅游成主流，旅游者更注重内心体验，个性化、体验化、高端化、休闲化的旅游趋势越来越明显，而直飞航班、含早餐酒店、旅游意外险等，成为游客选择出行时的重要因素。
完成时间	15 分钟
任务目标	了解旅游需要的发展趋势。
任务要求	1. 旅游需要是如何产生的？ 2. 旅游需要的发展趋势是什么？ 3. 如果你是旅游企业的管理者，你将如何应对旅游需要发展的新趋势？
研讨内容	
研讨成果	
讨论过程	
自我角色	
自我评价	
小组评价	
教师评价	

项目四 洞察旅游者的情绪变化

问题引入

旅游者的情绪情感对旅游体验有着非常大的影响，旅游服务人员应该根据旅游者的情绪情感的特点，有针对性地做好服务工作。那么，就需要弄清楚什么是情绪情感、影响旅游者的情绪情感的因素有哪些、在旅游服务中如何利用旅游者的情绪情感等问题。

任务导读

- 洞察旅游者的情绪变化
  - 情绪与情感
    - 情绪和情感
    - 情绪情感的类型
    - 情绪和情感的功能
  - 旅游者的情绪情感
    - 旅游者情绪情感的外部表现
    - 旅游者情绪情感的特征
    - 影响旅游者情绪情感的因素
    - 情绪情感对旅游行为的影响
  - 旅游者的情绪情感在旅游服务中的应用
    - 激发旅游者积极的情绪情感
    - 调控旅游者消极的情绪情感

学习目标

知识目标：理解情绪情感的内涵；掌握情绪情感对旅游行为的影响，以及影响旅游者情绪情感的因素。

能力目标：体会情绪情感的关系，了解旅游者情绪情感的表现形式，掌握旅游者情绪的调节方法。

任务一　情绪与情感

案例导入

白发老先生的一声咳嗽

某旅行社导游员小路带团很少有客人投诉，还常常有表扬信。一位同行跟团观察发现，小路带团的诀窍并不在于对景观的导游，而在于她和客人的交往。在一次带团中，有位白发老先生咳嗽了一声，小路赶紧上前去问老先生是不是感冒了，要不要去医院看一看，小路的询问使老先生很感激，周围的几位游客也都投来赞赏的目光。不久旅行社便收到了老先生寄来的表扬信。

导游员小路将自己的感情融入对旅游者的服务中，营造一个亲切温暖的氛围，让客人产生宾至如归的感觉，以赢得他们的认可。旅游者在旅游活动过程中，不仅认识了旅游资源、旅游产品、旅游服务的方式等客观事物，还表现出对客观事物的不同态度，对这些态度的体验就是情绪和情感。正是因为情绪情感的存在，旅游者在旅途中才会产生喜悦、喜爱、愉快、悲哀、愤怒、恐惧等体验。

资料来源：欧晓霞．旅游心理学．北京：对外经济贸易大学出版社，2006：70.

？问题与思考

1. 是什么原因使小路能为老人提供周到细致的服务？
2. 小路为什么会得到游客的赞许？

知识探究

俗话说“人非草木，孰能无情”。人是富有感情的社会性动物。情绪和情感是人们精神生活的核心部分，在现实生活中人们的一切活动几乎都有情绪情感的印迹。

一、情绪和情感

（一）情绪情感的概念

情绪和情感是人对客观外界事物的态度的体验，是人对客观事物是否符合自己需要的态度体验。情绪情感的复杂性导致人们对情绪情感的认识尚不统一，但对于其概念，我们可以从以下几个方面来理解：

首先，情绪和情感是以人的需要为中介的一种心理活动，它反映的是客观外界事物与主体需要之间的关系。外界事物符合主体的需要，就会引起积极的情绪体验；否则便会引起消极的情绪体验，这种体验构成了情绪和情感的心理内容。

其次，情绪和情感是主体的一种主观感受，或者说是一种内心的体验。它不同于认识过程，因为认识过程是以形象或概念的形式来反映外界事物的。

再次，情绪和情感有其外部表现形式，即人的表情。表情包括面部表情、身段表情和言语表情。面部表情是面部肌肉活动所组成的模式，它能比较精细地表现出人的不同的情绪和情感，是鉴别人的情绪和情感的主要标志；身段表情是指身体动作上的变化，包括手势和身体的姿势；言语表情是情绪和情感在说话的音调、速度、节奏等方面的表现。表情既有先天的、不学而会的性质；又有后天模仿学习获得的性质。

最后，情绪和情感会引起一定的生理上的变化，包括心率、血压、呼吸和血管容积上的变化。如愉快时面部微血管舒张，害怕时脸变白、血压升高、心跳加快、呼吸减慢等。

（二）情绪和情感的区别与联系

1. 情绪和情感的区别

虽然很多时候情绪和情感都作为一个统一的心理过程来讨论，但从产生的基础和特征表现上来看，二者有区别的：

首先，情绪出现较早，多与人的生理性需要相联系；情感出现较晚，多与人的社会性需要相联系。婴儿一生下来就有哭、笑等情绪表现，而且多与食物、水、温暖、困倦等生理性需要相关；情感是在幼儿时期，随着心智的成熟和社会认知的发展而产生的，多与求知、交往、艺术陶冶、人生追求等社会性需要有关。因此，情绪是人和动物共有的，但只有人才会有情感。

其次，情绪具有情境性和暂时性；情感则具有深刻性和稳定性。情绪常由身旁的事物所引起，又常随着场合的改变和人、事的转换而变化。所以，有的人情绪表现常会喜怒无常，很难持久。情感可以说是在多次情绪体验的基础上形成的稳定的态度体验，如对一个人的爱和尊敬，可能是一生不变的，所以情感特征常被作为人的个性和道德品质评价的重要方面。

最后，情绪具有冲动性和明显的外部表现；情感则比较内隐。人在情绪的左右下常常不能自控，高兴时手舞足蹈，郁闷时垂头丧气，愤怒时又暴跳如雷。情感更多的是内心的体验，深沉而且久远，不轻易流露出来。

2. 情绪和情感的联系

情绪和情感虽然不尽相同，却是不可分割的。因此，人们时常把情绪和情感通用。一般来说，情感是在多次情绪体验的基础上形成的，并通过情绪表现出来；反过来，情绪的表现和变化又受已形成的情感的制约。当人们干一件工作的时候，总是体验到轻松、愉快，时间长了，就会爱上这一行；反过来，在他们对工作建立起深厚的感情之后，会因工作中的出色表现而欣喜，也会因为工作中的疏漏而伤心。由此可以说，情绪是情感的基础和外部表现，情感是情绪的深化和本质内容。

二、情绪情感的类型

（一）根据情绪情感的内容分类

1. 基本情绪

基本情绪是人和动物共有的，不学而会的。每一种基本情绪都有其独立的神经生理机制、内部体验、外部表现和不同的适应功能。基本情绪的种类各家有不同的分法，近代研究中常把快乐、愤怒、悲哀和恐惧列为情绪的基本形式。

2. 复合情绪

复合情绪是由基本情绪的不同组合派生出来的。如由愤怒、厌恶和轻蔑组合起来的复合情绪可叫作敌意；由恐惧、内疚、痛苦和愤怒组合起来的复合情绪可叫作焦虑，等等。

（二）根据情绪情感的状态分类

1. 心境

心境是一种微弱、弥散和持久的情绪，也即平时说的心情。心境的好坏，常常是由某个具体而直接的原因造成的，它所带来的愉快或不愉快会保持较长时间，并且把这种情绪带入工作、学习和生活中，影响人的感知、思维和记忆。愉快的心境让人觉得心情舒畅，精神振奋；而不愉快的心境让人感到心情不佳，看到的、听到的仿佛全都是不如意、不顺心的事物。

2. 激情

激情是一种猛烈、迅速和短暂的情绪，类似于平时说的激动。激情是由某个事件或原因引起的当场发作，情绪表现猛烈，但持续的时间不长，并且牵涉的面不广。激情通过激烈的言语爆发出来，往往还会伴随一些肢体动作，是一种心理能量的宣泄，例如，手舞足蹈、暴跳如雷、毛骨悚然都是激情的表现。从一个较长的时段来看，适度的激情对人的身心健康的平衡有益，但过激的情绪也会对人的身心健康造成一定的伤害，尤其会给一些器官带来较大的伤害。

3. 应激

应激是在出现意外事件和遇到危险情景的情况下所出现的高度紧张的情绪状态。应激状态可通过机体生理机能的变化和调节来进行适应性的防御，以应付外界突如其来的刺激和高度紧张的环境。如果应激状态长期持续，机体的适应能力将会受到损害，结果会导致疾病的产生。

（三）根据情感社会内容的性质分类

1. 道德感

道德感是按照一定的道德标准评价人的思想、观念和行为时所产生的主观体验。当思想、行为、意图符合道德标准时，就会产生积极的情感体验，就会感到满意、愉快；反之，就会产生消极的情感体验，就会感到痛苦悲伤。具体讲，当别人的言行符合自己的道德标准时，就会对其肃然起敬；当自己的言行符合道德标准时就会感到欣慰和满意。当别人的言行不符合自己的道德标准时，就会产生愤怒、鄙视的情绪体验；当自己的言行不符合道德标准时就会产生愧疚、自责的情绪体验。

2. 美感

美感是按照一定的审美标准评价自然界、社会生活及文学艺术时所产生的情感体验。

人的审美标准既反映事物的客观属性，又受个人的思想观点和价值观念的影响，所以美既是客观的，又是主观的，是主客观的对立统一。优美的自然环境可以陶冶人的情操；善良、纯朴的人格特征，公正无私、舍己救人的高贵品质给人以内在美的感受；奸诈狡猾、徇私舞弊、损人利己的行为则让人厌恶和憎恨。美感体验的强度受人的审美能力和知识经验的制约，对美感的培养和进行美的教育是精神文明建设的重要组成部分。

3. 理智感

理智感是在智力活动过程中所产生的情感体验。例如，对未知事物的好奇心、求知欲和认知的兴趣；在解决问题过程中表现出来的怀疑、自信、惊讶，以及问题解决时的喜悦等都是理智感。理智感不仅产生于智力活动，而且对推动人学习科学知识、探索科学奥秘有积极的作用。

三、情绪和情感的功能

（一）适应功能

情绪和情感是有机体生存、发展和适应环境的重要手段。有机体通过情绪和情感所引起的生理反应能够发动其身体的能量，使机体处于适宜的活动状态，便于机体适应环境的变化。同时，情绪和情感还可以通过表情表现出来，以便得到别人的同情和帮助。例如，在危险的情况下，人的情绪反应使机体处于高度紧张的状态，身体能量的调动可以让人进行搏斗，也可以呼救，求得别人的帮助。

情绪和情感的适应功能从根本上来说，就是服务于改善人的生存和生活的条件。婴儿通过情绪反应与成人交流，以便得到成人的抚爱；成人也要通过情绪表现来反映他的处境是好还是坏。在社会生活中，人们用微笑表示友好，用示威表示反对；人们还可以通过察颜阅色了解对方的情绪状态，以利于决定自己的对策，维护正常的人际关系。这些都是为了更好地适应社会需要，求得更好的生存和发展的条件。

（二）动机功能

情绪和情感构成一个基本的动机系统，它可以驱动有机体从事活动，提高人的活动的效率。

一般来说，内驱力是激活有机体行动的动力，情绪和情感可以对内驱力提供的信号产生放大和增强的作用，从而能更有力地激发有机体的行动。例如，缺水使血液变浓，引起了有机体对水的生理需要。但是只是这种生理需要还不足以驱动人的行为活动，如果意识到缺水会给身体带来危害，因而产生了紧迫感和心理上的恐惧，这时，情绪和情感就放大和增强了内驱力提供的信号，从而驱动了人的取水行为，成为人行为活动的动机。

情绪和情感的动机作用还表现在对认识活动的驱动上。认识的对象并不具有驱动活动的性质，但是，兴趣可以作为认识活动的动机，起着驱动人的认识和探究活动的作用。

（三）组织功能

情绪和情感对其他心理活动具有组织的作用，它表现在积极的情绪和情感对活动起着协调和促进的作用；消极的情绪和情感对活动起着瓦解和破坏的作用。这种作用的大小还和情绪情感的强度有关，一般来说，中等强度的愉快情绪有利于人的认识活动和操作的效果；痛苦、恐惧这样的负性情绪则降低操作的效果，而且强度越大，效果越差。

情绪和情感对记忆的影响表现在，在愉快的情绪状态下，容易记住带有愉快色彩的材料；在某种情绪状态下记住的材料，在同样的情绪状态下也容易回忆起来。情绪和情感对行为的影响表现在，当人处于积极的情绪状态时，容易注意到事物美好的一面，态度变得和善，也乐于助人，勇于承担重任；在消极情绪状态下，人看问题容易悲观，懒于追求，更容易产生攻击性行为。

（四）信号功能

情绪和情感具有传递信息、沟通思想的功能。情绪和情感都有外部的表现，这就是表情。情绪和情感的信号功能是通过表情来实现的，如微笑表示友好、点头表示同意等。表情还和身体的健康状况有关，医生常把表情作为诊断的指标之一，中医的望闻问切的“望”就包括对表情的观察。此外，表情既是思想的信号，又是言语交流的重要补充手段，在信息的交流中起着重要的作用。从发生时间上来说，表情的交流比言语的交流出现得要早。

答疑解惑

1. 小路之所以对老人提供周到细致的服务源于她对客人深深的情感，表现了强烈的责任感。生病的老人情绪会比较脆弱，需要他人的关心帮助，小路在发现后非常细心地照顾老人，安慰了生病老人敏感脆弱的心理，给老人送去了温暖和体贴。

2. 游客的赞许是因为对小路真诚细致的服务和强烈的责任感。小路提供了贴心的服务，使游客因为生病产生的消极情绪转变为被关心而产生的积极情绪。

任务二　旅游者的情绪情感

案例导入

菜汁溅到衣服上

某中餐厅服务员小余正在为客人服务，由于客人太多，在上菜时不小心把菜汤溅到一位客人搭在椅背的衣服上，而此时那位客人毫无察觉。小余心里很矛盾是否告诉客人。最后，小余还是说服了自己，主动向客人道歉：“对不起，由于我不小心把菜汁溅到了您的衣服上，请原谅，我立刻帮您清洗。”客人很诧异地拿起衣服查看。小余仍在道歉，其他客人都在盯着她，小余的脸涨得通红。过了一会儿，客人抬头对小余说：“你很诚实，如果你不告诉我，我也不知道，你为什么主动告诉我？”小余的脸红得更厉害了，她暗自羞愧，定定神说：“对不起，发生这件事影响了您的就餐情绪。我店是五星级酒店，服务员更应注意职业道德，而我认为诚实是职业道德的第一表现。”客人被她的话感动了：“没关系，回家洗洗就可以了。每个人都难免会犯错误，敢于承认并改正就好。”

资料来 http：//doc. mbalib. com/view/3a35ff70807362517031 6b1b70d749da. html，2017-02-09.

? 问题与思考

1. 小余为什么要主动承认错误?

2. 客人为什么会被感动而原谅她?

知识探究

旅游者的情绪情感状态对其在旅游活动中的行为影响巨大。旅游者积极的情绪情感对旅游活动起促进作用，反之，消极的情绪情感则会起到阻碍作用。

一、旅游者情绪情感的外部表现

旅游者的各类情绪发生时，通常伴随着一些外部的表现，如面部的表情、身体的姿势、手势及言语器官的活动等，可以被直接观察到，这些统称为表情动作。表情动作能使旅游服务中客我双方语言交流所造成的不确定性和模棱两可的情况更加明确，成为旅游者的态度、感受最好的注解。同时旅游者的一些不宜言传的思想或愿望，也会通过表情或身体语言来传达。由于受到社会文化、道德规范的制约，旅游者情绪的外显行为也具有一定的人为性和伪装性，旅游者的情绪感受被修饰或夸大后，旅游者的情绪体验和表情之间会出现不一致性。

表情动作是我们了解旅游者的情绪情感的客观指标之一，旅游者的表情动作可以从其面部表情、姿态表情、言语表情这三个方面来进行识别。

（一）面部表情

面部表情是通过眼部肌肉、颜面肌肉和口部肌肉的变化来表现各种情绪，主要由眉、眼、鼻、嘴的不同组合构成。如眉开眼笑、怒目而视、愁眉苦脸、面红耳赤、泪流满面等。由于面部表情具有跨文化性，同一种面部表情会被不同文化背景下的人们共同承认和使用，以表达相同的情绪体验。心理学家们经过研究发现：最容易辨认的表情是快乐、痛苦，较难辨认的是恐惧、悲哀，最难辨认的是怀疑、怜悯。一般来说，旅游者的情绪成分越复杂，其表情越难辨认。心理学家的实验还证明：眼睛最善于表达忧郁、愤恨、惊骇等情绪，嘴对表达快乐与厌恶最为重要，前额往往反映出惊奇、好奇的情绪体验，而眼、嘴和前额对表达愤怒的情绪都很重要。

（二）姿态表情

姿态表情是游客与旅游服务人员之间表达感情、传递信息的另一重要手段。不同的姿态表情，反映出旅游者不同的情绪情感体验。如旅游者欢乐时手舞足蹈、拍手、跳跃；悔恨时顿足、击掌、捶胸、拍额；惧怕时手足失措、抖动、僵直；紧张时坐立不安，等等。姿态表情又包含手势和身体姿势两方面，手势是仅次于言语的表达形式，不仅具有跨文化性，并受不同文化的影响。因此，同一手势在不同民族和国家中所代表的含义可能截然不同，如竖起大拇指在许多文化中是表示夸奖的意思，但在希腊却有侮辱他人的意思。又如东方人在招呼别人靠近自己的时候一般采用手心向下的手势，手心向上招呼他人过来一般带有挑衅的意味；但在多数西方文化中恰好相反，手心向下是招呼动物过来，而手心向上则是对人的招呼。因此，我们在接待国际旅游者的时候，尤其要注意不要误用手势，以免引起一些不必要的麻烦。

（三）言语表情

言语是旅游者情绪发生时言语的音调、节奏方面的表现。如旅游者喜悦时往往音调高昂、节奏轻快；愤怒时声音高而尖，伴有颤抖和嘶哑。此外，旅游者的感叹、讥讽、同情等，都有特别的语音变化。因此，旅游服务人员要学会“听话听音”，善于捕捉旅游者的言外之意、未尽之言。

总之，旅游者的面部表情、姿态表情和言语表情构成了旅游服务中客我交往中的非言语交往，它们经常相互配合，更加准确或复杂地表达出旅游者不同的情绪和情感体验，是旅游者情绪表达的重要方式和手段。作为一名旅游服务人员，通过一定的训练之后能够快速识别旅游者的情绪状态就显得尤为重要。

二、旅游者情绪情感的特征

由于旅游活动的异地性明显，所以旅游者的情绪情感会表现出一些特别的特征。具体而言，旅游者情绪具有以下特征：

（一）兴奋性与感染性

旅游者情绪具有兴奋性高、感染性强的特征，由于旅游者处于全新的陌生环境中时，情绪体验一般比较强烈。同时，旅游团队中一部分游客的情绪会在不经意间传染给其他游客，如果个体被不良情绪体验所感染时，极易产生认识偏差，导致情绪化行为。游客的情绪化行为易造成不良后果，因此，对于旅游团的整体情绪氛围的调控就显得尤为重要。

案例赏析

泡汤了的“游湖赏月”

按原定计划，小林所带的团队应该是19：00整在H市游湖赏月，但在路上遇到了交通事故，等他们赶到H市的时候，已经是20：30了，过了原定时间。这导致了团里客人的不满，大家议论纷纷。

“张先生，你听说了吗？今天我们不能去游湖赏月了？”

“真的吗？这太可惜了！这么好的月光，这么凉爽的秋风……”

“我们专门选择这个时候，好不容易才来到了这里，怎么说不去就不去啦？”

导游小林觉得情况发生变化，客人有些议论是正常的，也就没有在意。

吃完饭，小林刚走出餐厅，其中一位游客鲁太太就冲着他喊："全陪，你过来一下，我们有话要说。你知道，今天是中秋节，我们是来赏月的，而且是游湖赏月。月圆之夜，我们不在家待着，不远万里来到这里，为的就是游湖赏月。报名的时候，旅行社口口声声保证我们今晚一定能够游湖赏月。知道吗？你今天必须给我们安排这个节目！"

小林面有难色地说："我们在路上堵车的时间太长了，原来安排的船早就开了……"

不等小林说完，另一位游客就打断他的话，说："堵车不是我们造成的，凭什么要我们来承担这个后果？"

"不管怎么说，这都是你们旅行社的事，我们报名的时候，说好了要游湖赏月的。"

大家七嘴八舌的讨论起来……

小林还想解释，鲁太太把手一挥，说："别说了！我们大家一致的意见，就是今晚必须赏月！"

资料来源：http：//wenku.baidu.com/，2017-05-22.

评析：从这个案例中我们看到，游客刚开始的情绪还比较稳定，但他们失望和愤怒的情绪也悄悄地在旅游团内扩散，客人的附和表明了旅游团内其他客人的情绪受到了旅游团内非正式领导人物（鲁太太）情绪的感染，导游员小林没有意识到客人消极情绪的感染性，也没有积极地采取有效措施来化解客人的不满，导致后来客人关注的不是"今晚不能赏月"这件事情本身，而是开始怀疑小林和旅行社的动机，让消极情绪占据了整个旅游团，导致事情进一步恶化。

（二）短暂多变性

由于在旅途中游客会看到很多日常生活中不容易看到的事物和人文风情，旅游者的注意焦点往往具有短暂多变性，从而导致旅游者的情绪的多变性。旅游者情感情绪的短暂多变性主要体现在以下两个方面：

首先，把旅游者作为个体来看，在整个旅游活动中，同一个旅游者，在刚到旅游目的地的时候，更多的是紧张不安、兴奋的情绪体验，在游览参观的途中可能体验到轻松愉快或愤怒不满的情绪，旅游快结束的时候，重新体验到紧张和兴奋的情绪，但和初到旅游目的地时体验到的紧张和兴奋又不完全一样。

其次，在同一个旅游团中，不同性别、年龄、社会阶层的旅游者人格特征千差万别，因此，对于同样的旅游景点或同一名旅游服务人员提供的服务，每个旅游者的情绪体验上也会存在显著的差异，有些旅游者会在整个旅途中体验到兴奋和快乐，而有些客人却觉得这次旅游完全是让自己郁闷的旅游。所以，要求旅游服务人员在对客服务时必须对不同的旅游者的情绪表现细心加以鉴别，这是旅游从业人员提供个性化服务的心理学基础。

（三）波动性

旅游者的情绪波动性主要表现为两极化，遇到自己喜欢的景点或者对自己胃口的旅游服务人员，则情绪高涨，欣喜若狂，激动不已；如果游览无法继续时就垂头丧气，迁怒于旅游服务人员。

（四）文饰性

一般情况下，个体的内心体验与外部表情保持一致，但在某些情景下可能出现表里不一，即所谓的文饰性。一方面，旅游者由于脱离了惯常的生活环境，导致其情绪情感的表达会异于日常生活中的体验，例如一些平日外向的人可能选择在旅途中玩一把深沉，而另外一些平日内向的人也可能在旅游中张扬一回；另一方面，旅游者处于陌生的异国他乡，需要保持个体的良好自我形象，有时虽然对旅游服务人员不满，但碍于面子或一些其他的原因，并没有表达出自己真实的情绪体验，前面所提到的旅游者的“道德弱化”现象也在一定程度上说明了旅游者情绪具有文饰性的特点。

三、影响旅游者情绪情感的因素

旅游者在旅游活动中所接触的一切，都有可能会引起其情绪情感的变化，具体来说，影响旅游者情绪情感的因素主要有以下几个方面：

（一）旅游者的需要

影响旅游者情绪情感的首要因素是旅游者的需要是否得到满足。需要是情绪、情感产生的重要基础，因此，旅游者的需要是否获得满足，决定着旅游者的情绪、情感的性质，如果能满足旅游者的需要，便能引起他们肯定的情绪，如满意、愉快、喜爱、赞叹等；相反，凡是不能满足旅游者的需要或可能妨碍其需要得到满足，比如路上堵车、饮食不合口味，都会引起旅游者否定的情绪，如不满意、愤怒、憎恨等。

（二）旅游者的认知特点

影响旅游者情绪情感的另一重要因素是旅游者的认知特点，旅游者的情绪总是伴随着一定的认识过程而产生，因此，同一景点、同一旅游服务人员的行为，由于旅游者个体认知上的差异，会产生不同的情绪情感。例如，同一旅游团里不同的旅游者对北京的认识是不同的，有的旅游者通过到北京旅游，认为北京历史悠久，有很多高品质的名胜古迹，文化气息浓郁，是非常值得一游的；而有的旅游者认为北京虽然有很多名胜古迹，但人多车多，非常吵闹，旅游效果一般。

（三）旅游者的归因方式

旅游者的情绪情感还受到旅游者的归因方式影响，旅游者不同的归因会引发不同的情绪和情感。例如在旅游服务中由于环节过多，出现旅游服务缺陷往往无法完全避免，对于旅游服务缺陷，如果旅游者将其归因于外部不可控的原因，例如恶劣的天气，一般不会产生不满意、不愉快和挫折感；但如果旅游者认为旅游服务缺陷的产生是内部可控的，如旅行社安排的导游员经验不足等，将很容易导致旅游者愤怒、生气的情绪体验。

（四）团体状况和人际关系

旅游者所在的旅游团队的团队状况和团队内的人际关系也会对旅游者的情绪产生影

响，一个团队中成员之间心理相容、互相信任、团结和谐，就会使人心情舒畅、情绪积极；如果互不信任、互相戒备，则会时时都处在不安全的情绪中。在人际交往中，尊重别人、欢迎别人，同时也受到别人的尊重和欢迎，就会产生亲密感、友谊感。

（五）客观条件

影响旅游者情绪情感的客观条件主要是指旅游活动中对旅游者形成外在刺激的因素，它影响游客的知觉，从而使旅游者产生不同的情绪情感体验。这些客观条件主要包括以下几方面内容：

1. 旅游资源

旅游者在观赏游览时，首先是从景物中产生美的情感体验，如果旅游资源不能满足旅游者的心理预期，不能使旅游者获得精神上的愉悦，就会使旅游者产生不满的情绪情感。

2. 接待设施

接待设施水平的高低不仅反应旅游服务水平的高低，而且影响旅游者对旅游活动体验的好坏。旅游者要求服务设施要能够满足自己的需要，还要符合自己的审美情趣，要能够体现自己的经济实力和社会地位。

3. 自然环境

自然环境包括地理位置及气候等自然条件。比如，优美的自然景色、整洁的环境使人赏心悦目，产生愉悦的情感体验；遍地的垃圾、污浊的空气、刺耳的噪声则会使旅游者产生厌烦的情绪体验。

4. 社会环境

旅游者外出旅游，普遍对异地文化有猎奇心理，渴望获得不同体验。淳朴、好客的民风对升华旅游者的情绪情感和振奋旅游者的精神具有积极的作用。但如果旅游目的地社会治安较差，经常发生一些盗抢、伤害旅游者的事件，或者旅游目的地居民缺乏诚信，欺诈旅游者，这势必给其留下不好的印象，影响旅游者的情绪情感。

四、情绪情感对旅游行为的影响

旅游活动对旅游者来说是一种体验的过程，体验的效果影响着旅游者的情绪情感。旅游者的情绪情感对其消费行为有重要的影响作用，主要表现在以下几个方面：

（一）对旅游者感知的影响

旅游者的情绪能影响和调节其感知过程。消极情绪会干扰和破坏旅游者的感知过程，使其意识范围变得狭窄，对他人或事物的评价缺乏客观的标准，他们往往以“自我”为中心，自制力弱，遇事冲动，对事物敏感，有时候会出现攻击性的言语和行为，所以旅游服务人员应敏锐观察旅游者的情绪情感，及时采取一些必要的措施调整其不良情绪。

（二）对旅游者动机的影响

动机是激发旅游者旅游行为的内在动力。人的任何行为都是在动机的支配下产生的，因此要有旅游行为产生，先要激发人们的旅游动机。良好的情绪情感会促进旅游动机的产生，反之就会削弱。

（三）对旅游决策的影响

旅游决策是一个复杂的过程，它是指个人根据自己的旅游目的，收集加工有关的旅游信息，提出并选择某一个旅游计划，最终付诸实施的过程。这一复杂的消费决策受到很多因素的影响，如旅游企业的宣传、个人因素、社会因素等，其中旅游者的情绪情感也是不可以忽略的一个因素。旅游者轻松愉快的情绪使其心理和行为也被欢快的气氛笼罩，可以激发旅游者对美的向往，增加他们做出旅游决策的可能性。而消极的情绪会使人兴趣全无，不易做出旅游决策。

（四）对旅游活动效率的影响

人们的喜怒哀乐会左右活动的效率，积极的情绪情感能提高活动效率，反之就会降低。心情愉悦、情绪高涨的旅游者会积极配合导游服务工作的开展，而心情郁闷、情绪低落的旅游者对导游服务工作往往会产生抵触情绪，会对活动产生阻止作用。

答疑解惑

1. 小余之所以告诉客人实情而使自己面对尴尬，主要是出于她的道德感，如果明知自己犯错还不承认，事后心里就会更难过，所以她选择主动向客人道歉。

2. 客人因为小余的诚实受到了感动，从而不满的情绪强度大大降低，同时为了提倡这种诚实守信的职业道德，客人原谅了小余。

任务三　旅游者的情绪情感在旅游服务中的应用

案例导入

4 瓶热开水

一天晚上，某酒店 402 房的古小姐打电话到客房中心，要求服务员送 4 瓶热开水到房间里，服务员小马以为客人不知道房间里有电热水壶，就婉转地对客人说：“你房间里有电热水壶，我会让服务员到你房间里帮你烧水的。”“电热水壶不卫生，我不用，你帮我送 4 瓶热开水，我要用热水烫洗浴缸。”小马说：“浴缸是干净的，我们每天都消毒，你可以放心使用。”古小姐听后勃然大怒：“让你送 4 瓶热开水，你送来就可以了，不要这么啰唆！”随后啪的一声放下电话。小马听后委屈地叹了口气，不知怎么处理。

资料来源：http://doc.mbalib.com/view/3a35ff708073625170316b1b70d749da.html，2016-11-12.

? 问题与思考

1. 客人古小姐的情绪为什么会变得很恶劣？
2. 服务员小马要怎么处理才能转变客人的情绪？

知识探究

旅游者的情绪情感状态对其在旅游活动中的行为有很大影响。旅游者积极的情绪情感对旅游活动起到促进作用，反之，消极的情绪情感则会起到阻碍作用。

一、激发旅游者积极的情绪情感

旅游者在出门旅行时，希望在旅游中获得日常生活中所缺少的新鲜感、亲切感和自豪感，同时也希望在旅游中摆脱日常生活中的精神紧张。因此，旅游服务就应该想方设法激发旅游者积极的情绪体验。

（一）丰富满足旅游者需要的旅游产品

为了满足旅游者个性化、多样化、复杂性的旅游需求，旅游企业应该设计开发内容丰富、形式多样、富有特色的旅游产品。

（二）提高旅游服务质量

第一，利用人际交往中的“镜子”理论，让客人对他自己更加满意，使客人获得更多的自豪感。旅游者总是把旅游从业人员当作自己的一面镜子来看待，因此，旅游从业人员要做旅游者的一面“好镜子”。

第二，采用柔性语言，博得客人的同情和谅解，降低客人不满情绪的强度。例如某导游在出团的时候，一个游客因小事大声质问导游员：“你到底想怎么样处理这事？”导游员冲动之下同样大声回应道：“我只想让你们（以下变为女孩特有的温柔语气）不生气，给我时间解决好这事。好吗？”说完羞涩一笑，游客愣了一下随即大笑，问题顺利解决。

第三，培养旅游从业人员的幽默感，让他们会巧妙拒绝客人的不合理要求而不伤及客人的“面子”，避免引发客人消极的情绪。

第四，提高售后服务意识。在旅游服务的各个环节，售后服务非常重要。关注旅游者的信息反馈，既是对旅游者的重视，使其受尊重的需要得到满足，又可以使旅游企业了解旅游过程中需要调整和改善的地方，及时完善产品、提升服务；同时，还可以针对反馈信息，开发令旅游者更加满意的旅游产品。

（三）提供准确的旅游信息

旅游者对旅游信息的了解是形成旅游期望的基础，但并非旅游期望越高越好，因为旅游者的满意度取决于期望值与实际所得之间契合的程度。因此，在宣传时，既不能为了销售旅游产品而将景点说得天花乱坠、过于夸张，也不能为了给旅游者“意外惊喜”而自我贬低，向旅游者提供的信息要客观，这样才有利于旅游者做出科学的决策。

案例赏析

游客不愿意与导游在一起

导游员小王年轻貌美，家境殷实，本人好打扮，服饰时尚。一次，她受某旅行社的聘请，接了一个新加坡的奖励旅游团，该团内成员多为 30 岁左右的女士。当小王以华丽的形象出现在游客面前时，使这些女士黯然失色。游览期间，她名牌“行头”的不断变换，更使旅游团的那些女士成了她的反衬者。在游览过程中，她虽然讲解生动形象、为人亲切、服务周到，但不知为什么，那些女性游客总不愿与她在一起。小王自己也有一种被冷落的感觉。

你知道游客为什么会有如此表现吗?

评析：案例中的导游员小王漂亮的服饰和名牌“行头”让这些同为女性的游客产生了强烈的自卑感，即她没能做一面好的“镜子”，所以，客人对她的服务就产生了不满的情绪。因此，对于旅游从业人员一般要求穿工作服，而导游员的服饰一般要求干净整洁、大方得体即可，不可过于华丽。

二、调控旅游者消极的情绪情感

旅游者外出旅游是为了放松身心，追求一种愉悦体验，因此，调控旅游团内的消极情绪就显得非常必要。旅游从业人员要多花时间和精力去关心和了解游客的情绪状态，特别是对那些旅游团内的权威人物更要关注，因为他们在很大程度上能控制全团旅游者的情绪。调控旅游者的消极情绪可以采取以下措施：

（一）转移注意力

转移注意力能让旅游者在新的环境中忘却不愉快的事情。例如旅游团成员之间因为小事情而发生冲突，旅游服务人员就可以利用做游戏、讲故事等方法使旅游者忘记不快。

（二）补偿法

补偿法包括物质补偿和精神补偿。当旅游者在旅游活动中的某些环节如住宿、餐饮、交通等方面达不到合同规定时，可以给予旅游者一定的物质补偿。如果因旅游从业人员的过错使旅游者的合理要求得不到满足，导致其情绪低落不满，旅游服务人员就应该诚恳道歉，给予旅游者精神补偿。

（三）分析法

导致旅游者产生不快情绪的原因不可更改又无法补偿时，旅游服务人员要讲清原委，“晓之以理，动之以情”，对问题进行深入分析，缓和旅游者不利的情绪，以得到他们的谅解。

答疑解惑

1. 古小姐对酒店的清洁工作持怀疑态度，所以要求送开水来烫洗浴缸。而服务员小马没有理解她的意思，并且还反复解释，令客人反感，客人的需要得不到满足自然会产生消极的情绪。

2. 服务员小马应该尊重客人的意愿，立刻给客人送 4 瓶开水，并主动为客人烫洗浴缸，在做了这些额外工作后，自然会赢得客人的信任，改变她的情绪。在此基础上，小马再向客人解释酒店浴缸已经采取了保证清洁卫生的措施，这样才能使客人比较容易接受。

项目小结

情绪和情感是人对客观外界事物的态度的体验，是人对客观事物是否符合自己需要的态度体验。情绪情感的区别主要体现在表现形式、需要角度、稳定程度几个方面。根据情绪情感的内容分类，情绪情感可分为基本情绪、复合情绪；根据情绪情感的状态分类，可分为心境、激情、应激；根据情感社会内容的性质分类，可分为道德感、美感、理智感。情绪情感具有适应功能、动机功能、组织功能、信号功能。

旅游者情绪情感通过面部表情、姿态表情、言语表情等表现出来。旅游者情绪情感具有兴奋性与感染性、短暂多变性、波动性、文饰性等特征。影响旅游者情绪情感的因素包括旅游者的需要、旅游者的认知特点、旅游者的归因方式、团体状况和人际关系、客观条件（旅游资源、接待设施、自然环境、社会环境）等。情绪情感对旅游者感知、动机、旅游决策、旅游活动效率都有很大影响。可以通过丰富满足旅游者需要的旅游产品、提高旅游服务质量、提供准确的旅游信息等激发旅游者积极的情绪情感。通过转移注意力、补偿法、分析法调控旅游者消极的情绪情感。

实训练习

一、选择题

1. 情绪情感根据情绪的性质分类，可以分为（　　）。

A. 快乐　　B. 愤怒　　C. 恐惧　　D. 悲哀

2. 观察旅游者处于哪一种情绪状态，可以通过（　　）来判断。

A. 面部表情　　B. 姿态表情　　C. 言语表情　　D. 手势

二、简答题

1. 简述情绪和情感的联系与区别。
2. 旅游者情绪情感具有哪些特征？
3. 影响旅游者情绪情感的因素有哪些？
4. 如何激发旅游者积极的情绪情感？

5. 如何调控旅游者消极的情绪情感?

三、综合业务题

案例名称	重视客人的“求平衡”心态
工作任务	某日傍晚，一香港旅游团结束了“广州一日游”，回到了下榻的饭店。然而，不到十分钟，旅游团的一位中年女领队就光着脚来到了大堂，怒气冲冲地向前台投诉客房服务员。 原来，早晨出发时，这位女领队要求楼层客房服务员为房间加一卷卫生纸，但这位服务员只将这位客人的要求写在交班记录本上，并没有对接班服务员特别强调。结果，下一班次的服务员看到客房卫生间内还剩余半卷卫生纸，就末再加。结果，这位客人回来后，勃然大怒。无论前台的几个服务员如何规劝、解释，她依旧坚持光着脚站在大堂中央大声说：“你们的服务简直糟透了!”引来许多客人好奇的目光。值班经理和客务部经理很快赶到了现场，看到此情此景，他们一边让服务员拿来了一双舒适的拖鞋，一边安慰客人说：“我们的服务是有做得不够好的地方，请您消消气，我们到会客室里面坐下来慢慢谈，好吗?”这时，客人的态度渐渐缓和下来，值班经理耐心向客人询问了整个事件的经过，并提出解决问题的具体意见，最后值班经理代表饭店向旅游团的每个房间都派送了一卷卫生纸，并向这位客人赠送了致歉果盘。事后，经向该团导游了解，这位领队因对旅行社当天的行程等一些事情安排不满，故心情不好，而需要的卫生纸未及时加送成了她发泄的“出气口”。
完成时间	15 分钟
任务目标	掌控调节和消除旅游者不良情绪的方法。
任务要求	1. 为什么一卷卫生纸会引起如此大的问题? 2. 案例中服务人员对问题的处理方式是否得当?
研讨内容	
研讨成果	
讨论过程	
自我角色	
自我评价	
小组评价	
教师评价	

项目五 分析旅游者的态度体验

问题引入

在旅游活动中，旅游者的态度是构成旅游效果的重要因素，旅游者的态度不仅影响着旅游决策的形成，也影响着他们在整个旅游过程中的思维方式和行为方式。为了更好地提高旅游服务质量，促进旅游业的发展，旅游服务公司需要关注旅游者的态度，把握旅游者态度形成与改变的规律，同时改变旅游者消极的态度。那么，旅游者的态度类型有哪些？又有哪些特性？旅游者的态度是如何形成的？影响旅游者的态度的因素有哪些？如何改变旅游者的消极态度？

任务导读

- 分析旅游者的态度体验
  - 旅游者的态度
    - 态度的含义
    - 旅游态度的含义
    - 旅游态度的构成
    - 旅游态度的特性
    - 旅游态度在旅游活动中的作用
  - 旅游者态度的形成
    - 影响旅游态度形成的因素
    - 旅游者态度的形成过程
  - 旅游者态度的改变
    - 旅游态度改变的两种形式
    - 影响旅游者态度改变的因素
    - 改变旅游者消极态度的方法和策略

学习目标

知识目标：了解旅游者态度的含义，掌握旅游者态度的特性、构成和旅游者态度的形成过程，掌握改变旅游者态度的方法和策略。

能力目标：了解分析旅游者态度的意义，了解改变旅游者态度的形成过程，掌握改变旅游者消极态度的方法。

任务一　旅游者的态度

案例导入

无购物参团游客反而不适

南宁市民李女士跟团出游泰国，2013 年 10 月 3 日回到南宁。回国后，她在旅行社发的意见回馈表上表达了不满的态度，因为“导游不带我们去购物”。

李女士参加的赴泰国旅行团在 2013 年 9 月 28 日出发，经历了新《旅游法》出台前后的分水岭。“按道理来说，10 月 1 日之前出发的团，是可以进店购物的。偏偏行程不凑巧，9 月 28—30 日，我们被安排在泰国一个小岛上，连便利店都找不到。10 月 1 日到了曼谷，我们希望在导游的带领下，购买一些土特产，谁知道导游说什么也不愿意。”

3 个月前，李女士的朋友曾参加过同样的旅行团，回来之后，他们带回一些泰国的坚果、榴莲干和紫菜，味道特别好。于是，她此行也想买一些馈赠亲友。她私下向导游提出，希望能带她到购物点买点特产，但被导游拒绝了。

李女士不死心，咨询起购物点的位置，希望能在自由活动时间前往。导游先是说，按规定不能给游客推荐购物点，后又称这些购物点在新法出台后都已关闭。最后，导游建议李女士去超市里购买。

无奈之下，李女士只好在住所附近找了家便利店。可是便利店里的货品只有泰文和英文标志，虽然能大概认出是什么产品，但是各种口味和品牌则完全不知所云，只能乱买一通。李女士说，旅行团里许多人都和她一样，有一名团友想购买当地一种很有名的方便面，但因为看不懂是什么口味，只好把便利店里该品牌方便面的所有口味都买了一遍。

资料来源：http：//gx. sina. com. cn/news/gx/2013-10-08/10302607. html，2016 - 06 - 02.

？问题与思考

1. 无购物旅游本来是国家为了保护旅游者权益所制定的法律，那么李女士为什么会出现不满的态度？

2. 旅游服务公司在法律与顾客需求出现不协调时应该如何应对？

3. 旅游服务公司应该如何改善旅游者的态度？

知识探究

旅游活动是由旅游服务公司提供吃、住、行、娱乐等服务项目和旅游者消费体验行为共同组成的一种特殊活动，在这种活动中，旅游服务公司要时刻关怀游客的态度。游客在这个活动中可以用态度来表现其对本次旅游活动中的体验的效果，如果游客玩得开心，肯定旅游公司的服务，说明本次旅游活动的服务是成功的；相反，游客态度尖酸刻薄，否定旅游公司的服务，对其服务不满意，说明本次旅游活动的服务是失败的。所以说，在旅游活动中，旅游服务公司要想在游客中有好的口碑，需要时时刻刻关注旅游者的态度，并针对其不同态度采取不同服务方案和策略。

一、态度的含义

态度是人们在自身道德观和价值观基础上对事物的评价和行为倾向。态度表现于对外界事物的内在感受、情感和意向三方面的构成要素。激发态度中的任何一个表现要素，都会引发另外两个要素的相应反应，这也就是感受、情感和意向这三个要素的协调一致性。一般来说，态度的各个成分之间是协调一致的，但在它们不协调时，情感成分往往占有主导地位，决定态度的基本取向与行为倾向。

态度中的内在感受是指人们对事物存在的价值或必要性的认识，它包括道德观和价值观；态度中的情感是和人的社会性需要相联系的一种较复杂而又稳定的评价和体验，它包括道德感和价值感两个方面；意向是指人们对待或处理客观事物的活动时，人们的欲望、愿望、希望、意图等行为的反应倾向。

态度来源于人们基本的欲望、需求与信念，从认知过程来说也就是道德观与价值观，就行为过程来讲，从低到高产生可分为个体利益心理、群体归属心理和荣誉心理三个层次。

资料链接

不同心理学家关于态度的定义

态度是社会心理学中定义最多的一个概念，不同的学者有不同的定义。有代表性的概念包括以下三种：

1. 奥尔波特的定义

受行为主义影响，奥尔波特认为态度是一种心理和神经的准备状态，它通过经验组织起来，影响着个人对情境的反应。他的定义强调经验在态度形成中的作用。

2. 克瑞奇的定义

克瑞奇认为态度是个体对自己所生活的世界中某些现象的动机过程、情感过程、知觉过程的持久组织。他的定义忽略过去经验，强调现在的主观经验，把人当成会思考并主动将事物加以建构的个体，反映了认知派的理论主张。

3. 弗里德曼的定义

弗里德曼认为态度是个体对某一特定事物、观念或他人的，稳固的由认知、情感和行为倾向三个成分组成的心理倾向。他的定义强调了态度的组成及特性，是目前被公认的较好的解释。

资料来源：http：//baike.haosou.com/doc/396844-420140.html，2016－06－25.

二、旅游态度的含义

旅游者的态度是旅游者对旅游对象、旅游条件和旅游服务做出行为反应的心理倾向。每一个人生活在自己的社会环境之中，接触各种人和事物，会对它们产生各种各样的认识，产生对它们赞成、反对、喜欢或者厌恶等心理体验，以及对它们是愿意接近、认同，还是回避、拒绝等意向。这是人们对所面对的人和事物做出的行为反应的心理倾向，即心理学上所讲的态度。旅游活动是人们众多社会活动中的一部分，人们对它持什么看法，认为它是有意义的、有价值的还是没有意义的、没有价值的，是喜欢它们还是不喜欢它们，有没有参加旅游活动的打算和愿望，这就构成了他们对旅游活动的态度。

例如，有人认为旅游活动可以开阔眼界，增长知识，陶冶情操，愉悦身心，增进身心健康，赞成而且喜欢旅游活动，希望能有机会去参加旅游活动，这说明他对旅游持有肯定的、积极的态度。而有的人认为旅游纯属吃、喝、玩、乐，是一种消磨意志的低级活动，因而反对它、不喜欢它，他自己没有参加旅游活动的想法，也不同意别人去参加，这是对旅游活动持否定和反对的态度。

旅游态度还决定了旅游者将以怎样的活动水平投入即将进行的旅游活动中去。因此，它又是未来活动水平和努力程度的心理准备状态。

三、旅游态度的构成

人们对旅游的态度相对于对其他事物的态度，在时间上要短得多。有的人的旅游态度受传统观念的影响很大，往往将旅游视为一种奢侈的行为，对于休闲式的旅游很难认同，对此类旅游大都持否定的态度，而文化古迹等旅游目的地往往成为旅游首选，使旅游负载了许多增长知识和学习文化的任务。另外，旅游服务产品实际上是一种精神产品，最核心的产品是令旅游者感到赏心悦目、心情舒畅的服务，这些均无法直接对产品进行直观的评价，由此产生和传递的对旅游本身或某一个具体的旅游对象（包括对旅游目的地、旅游接待人员、购物消费等）的旅游态度是无形的。但与其他态度相比旅游态度又是有形的，人们接受旅游服务时所表现出的愉快、不满等就是非常具体和实在的。旅游者在不同的社会条件下生活，所处的经济地位、所属的社会阶层和民族、接受教育的程度、从事的职业千差万别，经历各不相同。除了形成不同的需要和动机，也形成了不同的态度。这些态度影响人们的旅游行为、旅游生活和旅游消费等。了解旅游者的态度和改变旅游者态度对旅游行为、旅游营销来说非常重要。因此，旅游者的态度的研究是旅游心理学的一个重要组成部分。旅游态度与其他态度相比具有独特的地方，但旅游态度又具有和其他态度共同的成分。

（一）态度的认知因素

认知因素也被称作认识方面的成分或信念成分，是态度形成的基础，它是指个人对人、对客观事物的认识、理解和评价，旅游态度的认知因素为旅游者提供了有关旅游产品的印象。一般来说，认知因素是带有评价意义的叙述，叙述的内容包括主体对外界对象的认识与理解、赞成或反对。比如，“某某旅游胜地的服务质量不错”。由认知因素所形成的对外界的知觉印象及观点，不仅是人们了解和判断事物的依据，而且是人们情感体验、行为意图建立的基础。态度来自态度对象对人们的价值，也即对人的意义和用途。人们对某一事物的态度，取决于这一事物的价值。价值越大，人们的态度反应就越强烈。但态度不是直接等同于客观价值，而是一种对客观价值的认识。例如，人们可能相信西安某旅游胜地是具有相当规模的，当地的服务也不错。这里面的每一种信念和评价，实际上都反映了人们对西安某旅游胜地的印象和看法。或许是因为自己在西安某旅游胜地受到了好的待遇，人们就对这里所有的旅游胜地产生好感，这些就是人们对该旅游胜地所持有的态度的认识成分。

（二）态度的情感因素

这是指主体对于对象的情绪反应，也被称为情感成分。这种反应表现为一种情感体验，即对某一类社会事物喜爱或厌恶的体验程度。它是个体对人和物的感情或感情上的一种反应。态度的情感成分能够维持相当长的时间，有时还可能非常强烈，情感成分是态度的核心。态度并不总是以事实作为依据，其评价的尺度主要以个人对某种对象的情感强度为中心。例如，一个旅游者声称“我喜欢内蒙古”，反映了该旅游者对内蒙古进行感情评估的结果。这位旅游者之所以获得这种感情上的评估，其理由也许并不客观，比如他可能出生在内蒙古、成长在内蒙古，对内蒙古有特别的感情等，虽然他可能并非那么喜欢内蒙古，但是要他表示对内蒙古的态度时，情感的作用就让他做出了积极肯定的结论。可以看出，旅游者的态度不全是以事实作为依据，而主要是以感情作为基础的。

（三）态度的意向因素

这是指由认知因素、情感因素所决定的对于态度对象的反应倾向。它是行为的直接准备状态，指导人对对象做出某种反应，也被称为行为成分和意向成分，是态度的准备状态。通常表现为“做不做”“怎样做”这样的指令，比如“相信某人的看法”。态度的行为成分是指个体对某些物体、人或情景做出赞成或者不赞成反应的一种倾向，它包括了表达态度的言语和行动。例如，对某旅游胜地持否定态度的旅游者，当他做否定表示时，实际上也已经准备好了抵制和拒绝去此地旅游的行为倾向；而对此地持肯定态度的旅游者，当他做肯定表示时，实际上也已经准备好了争取去旅游的行为倾向。

总之，一种态度所包含的这三种成分大体上是相互一致的。例如，当有人认为西藏是个好地方时，他对西藏的认知是持肯定的态度，那他在情感上一般也是喜欢西藏的，至少不讨厌去西藏。在态度的认知成分和情感成分一致的情况下，就意味着如果有机会，他很有可能会去西藏旅游，这位旅游者对于旅游公司来说，就是潜在的去西藏旅游的客源。态度包含的这三种成分的相互一致，对旅游营销来说至关重要，如果能够影响旅游者态度的某一种成分，就很有可能改变和形成新的旅游态度。这是营销策略实施的基础。态度的这三种成分有时也有不一致的地方。例如，有些旅游者可能认为去沙漠进行探险旅游是非常不错的，但他很谨慎，不愿意冒任何风险，他在情感上无法摆脱可能出事故的担忧，所以他在行为上不可能去沙漠探险旅游，这样旅游公司就无法使这位旅游者成为自己的客源。当态度的三种成分不一致时起主导作用的是态度的情感成分。

四、旅游态度的特性

（一）态度的肯定性和否定性

人们对旅游对象和旅游条件的态度有肯定和否定之别，比如说赞成、喜欢、关心，这是肯定性的态度；而反对、厌恶、冷漠，这是否定性的态度。

（二）态度的强度特性

各种态度都有程度的不同，从而可以分成不同的程度或等级，比如说：最喜欢、很喜欢、喜欢；最反对、很反对、反对，这表明了态度在强度上的不同。

（三）态度的针对性

旅游态度总是指向一定的旅游对象和旅游条件的，因而具有一定的针对性。

（四）态度的协调性

态度是由认知成分、情感成分、意向成分组成的，一个心理正常的人，其旅游态度的三种成分是相一致和协调的。例如对中国的旅游态度：认为中国既有优美的自然风光，又有丰富的文化历史古迹，而且开展了富有情趣的旅游活动（这是认知成分），因此旅游者会觉得很有意思，自己很喜欢中国的旅游活动（这是情感成分），从而非常愿意并决心争取到中国来旅游（这是意向成分），这种态度中的三种成分是协调的、一致的。人们不可能对条件很差的旅游地产生好感，并决定去那个地方旅游。

（五）态度的稳定性

态度一旦形成，将持续一定的时间，成为个性的一部分，因而是具有稳定性的。由于态度具有相对的稳定性，要想影响人们的旅游选择和旅游行为，就应当注意不要在人们已经产生了不良和消极的情绪后才试图去改变它，这样做的难度非常大。

（六）态度的间接性

态度是人们内在的一种心理体验，它虽然能够影响行为，有一定的意向性，但是并不等于行为本身，所以不能被直接观察，只能从一个人的言论、表情及行为中，通过观察、分析和推理间接地了解，这就是我们所说的态度的间接性。

五、旅游态度在旅游活动中的作用

旅游态度作为人们对旅游活动的心理倾向和心理准备状态，不仅具有影响旅游选择的功能，而且对旅游活动的进行和效果产生重大的影响。

（一）旅游态度影响旅游选择

人们在进行实际的旅游活动之前，必须首先选择旅游对象、旅游活动的方式。旅游选择是一个复杂的心理过程，它不但受旅游个体知觉、动机、兴趣等心理因素的影响，还受旅游态度的影响。旅游中的各种条件，如旅游的不同活动内容、旅游的不同活动方式、旅游交通、各种旅游饭店以及各种旅游服务，都能使人们产生不同的态度，进一步在进行旅游选择时产生一定的倾向性。它是人的行为反应的心理倾向，本身就包含和预示将会对什么对象做出反应，因此，会对旅游选择起定向的作用。人们受态度的指导，会选择指向那些对其持有良好态度的对象，选择有意义、为自己所喜欢的对象和活动方式，选定自己感到满意的交通工具和饭店。从态度的构成因素来看，既有认知成分，又有情感成分，与态度相一致的对象会给人带来满意感，而与态度不一致的事物会给个体带来失望感或不满足感。因此，态度可以促使人们选择那些与个人态度相一致的旅游对象。由于态度具有意向的成分，它将驱使人们趋向那些与个体态度相一致的对象，避开与那些与个体态度不一致的对象，从而又具有动机的作用。因此，旅游态度对人们选择旅游目标有很大影响。

（二）旅游态度影响旅游活动的效果

旅游态度作为旅游行为的心理准备状态，对旅游效果有直接的影响。旅游行为是个体旅游心理的外化，旅游者以什么样的心理状态投入到旅游活动中去，对旅游效果会发生极大影响。如果人们有积极的心理准备，各种心理活动被激发到较高的水平，不仅在旅游活动中充满活力，而且会观察全面，体验深刻，情绪愉快，容易得到心理满足，并且对旅游中的困难、疲劳不加以介意。而如果心理准备不足，心理活动就会处于较低的水平，情绪没有激发起来，各种心理功能没有能够调动起来，就会缺乏活动的热情和活力，观察和体验的深度就会受到限制，影响旅游活动的效果。

旅游态度对旅游效果的影响，主要依赖于积极肯定态度的强弱程度。比如，共同参加某项旅游活动的人们对这项活动喜爱的程度不同，对活动的热情程度不一样，就会影响他们在活动中的体验，并会产生不同的旅游效果。

（三）旅游态度可以形成对某些对象的偏好

旅游偏好是指人们趋向于某一旅游目标的一种心理倾向。这种倾向取决于人们对某一旅游产品所持有的态度的强度、旅游态度的复杂性。人们在肯定的旅游态度的作用下，参加某项旅游活动，由于得到了积极愉快的活动效果，感到满意和满足，就会强化对这项活动的态度，使之得到巩固，并影响将来对旅游活动和旅游条件的选择。例如，对旅行社的组织接待和饭店的服务感到满意，今后还会继续选择。多次选择都感到满意，就会形成习惯性选择，表现为对这些现象的信任和偏爱。

1. 旅游态度的强度

态度的强度是指人们对某一事物赞成、反对或喜欢、厌恶的程度。人们对某一对象的态度强度与态度对象的突出属性有关。态度对象的突出属性对人的重要程度是因人而异的。例如，在一个度假旅游地，对某个旅游者来说，气候、舒适和高尔夫球场可能很重要，但是另一个旅游者可能认为价格、网球场和海滩是最突出的属性。

即使是同一个人，由于其需要和目标不同，其对象属性的突出点也不同，即属性的突出点取决于他的需要和目标。比如，在决定是否全家坐飞机出游时，价格可能是一个特别的属性；但在选择汽车旅馆时，价格可能并不是一个特别突出的属性。因为坐飞机和驱车到某个遥远的目的地的费用相差很多；要是在整个度假期间住一晚上的费用相差无几的话，一间汽车旅馆房间的价格可能就不那么重要。

2. 旅游态度的复杂性

态度的复杂性是指人们对态度对象所掌握的信息量和信息种类的多少，它反映了人们对态度对象的认知水平。人们对态度对象所掌握的信息和信息种类越多，所形成的态度越复杂。

旅游偏好的形成是旅游者关于某一旅游对象所提供的各种利益的大小、可能性的衡量，以及每项利益对其自身的重要性的评价。在旅游态度的形成过程中，旅游者首先要权衡和评价自己从某个旅游对象能得到的收获的大小，经过分析和比较，当这些收获可以满足自身的旅游需要时，对该旅游对象的旅游偏好就产生了。[①]

资料链接

2013年新《旅游法》中关于无购物的要求

第三十五条　旅行社不得以不合理的低价组织旅游活动，诱骗旅游者，并通过安排购物或者另行付费旅游项目获取回扣等不正当利益。

旅行社组织、接待旅游者，不得指定具体购物场所，不得安排另行付费旅游项目。但是，经双方协商一致或者旅游者要求，且不影响其他旅游者行程安排的除外。

发生违反前两款规定情形的，旅游者有权在旅游行程结束后三十日内，要求旅行社为其办理退货并先行垫付退货货款，或者退还另行付费旅游项目的费用。

第四十一条　导游和领队从事业务活动，应当佩戴导游证，遵守职业道德，尊重旅游者的风俗习惯和宗教信仰，应当向旅游者告知和解释旅游文明行为规范，引导旅游者健康、文明旅游，劝阻旅游者违反社会公德的行为。

导游和领队应当严格执行旅游行程安排，不得擅自变更旅游行程或者中止服务活动，不得向旅游者索取小费，不得诱导、欺骗、强迫或者变相强迫旅游者购物或者参加另行付费旅游项目。

答疑解惑

从国家保护旅游者权益的角度讲，国家2013年出台的新《旅游法》确实切实保护了旅游者的权益，用法律来约束一些导游通过带领游客到指定的购物点购物来收取回扣的行为。但是案例中的李女士的问题是，游客需要购物，导游却不再提供这项服务。导游的解释是其遵守法律。但是从服务与被服务的角度来看，导游没有更好地关注像李女士这种特殊的游客的需求，忽视了游客的态度，导致游客最终的投诉。从法律上讲导游并没有错误，但是从服务角度讲，导游没有提供给游客需要的服务。

---

① 李清霞．旅游心理学．西安：西北工业大学出版社，2010：97－98.

任务二　旅游者态度的形成

案例导入

施金丽引领者旅游者，形成良好的态度

施金丽毕业于龙岩市工业学校，是个心灵手巧、责任心强的姑娘，1997年中专毕业后在龙岩市旅行社担任导游，带了几次团后，她不由得爱上了导游这个职业。她干一行，爱一行，为了干好导游工作，第二年就参加了自考，利用业余时间进行学习。1999年成功考取了国家导游资格证，2010年又考取了英语导游资格证书。在旅行社任导游期间，作为一名地接导游，不仅工资低、活最累，还要有广博的知识、耐心的态度，才能面对不同类型的游客和突发事件。为了更好地宣传龙岩的山山水水，让广大游客度过一个美好的旅程，施金丽非常投入地学习旅游相关知识，利用业余时间广为涉猎有关龙岩的天文、地理、革命历史、掌故传说、风俗人情等，积累了丰富的知识。同时，她注意观察，用心感受，善于针对不同游客，采取不同的导游办法让其融入其中。在担任导游期间，她虚心向龙岩山歌剧团的民间艺术家学艺，学会了龙岩山歌、龙岩快板等，并利用龙岩特色民间艺术向游客介绍龙岩的风土人情。施金丽注重导游职业道德，严格要求自己，绝不带游客去购物以从中拿回扣，即使有些游客要求购物，她也只带游客到正规购物商场去，并提醒广大游客注意购物陷阱，管好自己的钱物。她的热情大方、真诚态度和灵活的导游艺术，赢得了广大游客的好评与信任。施金丽担任导游两年多时间，接待游客无数，没有出现一例投诉现象；相反，许多游客离开龙岩后，还经常打电话来问候她，很多旅行社或客人再次来龙岩都要求施金丽带团。

资料来源：http：//www. kj-cy. cn/htm/2013711/28434. htm，2017-03-06.

？问题与思考

1. 游客对导游施金丽的态度是什么？游客们为什么会有这种态度？
2. 施金丽如何让游客产生对她喜爱的态度？她都做了什么？

知识探究

一、影响旅游态度形成的因素

旅游态度的形成受多方面因素的影响，而这些因素的作用并不是均等的，其中影响比较大的有下面几种因素。

（一）旅游需要

个体对凡是能满足自己的旅游需要或有利于达到目标的对象，一般都能产生喜好欢迎的态度，而对影响满足旅游需要和妨碍目标实现的旅游对象，则会产生排斥以至厌恶的态度。如中国既有丰富多样的旅游资源，人民又热情好客，能满足人们的旅游需要，人们就喜欢到中国旅游，产生积极的旅游态度。如果在旅游中未能住进预定的饭店、交通受阻、服务不佳或活动计划被改变，则会产生反感，造成消极的旅游态度。

（二）知识的影响

个体对旅游对象的态度，会受到所获得的关于旅游对象的知识的影响，获得那些关于对象的正面知识，会产生积极的态度，而受负面知识的影响，则会产生消极的态度。一个参观了中国旅游展览的外国人和没有参观该展览的人，由于受这种知识状况的影响，对到中国来旅游的态度的积极程度是不会相同的。知识能够形成态度，也能够改变原有的态度。

（三）团体的影响

每个人在社会上都与一定的社会团体（如家庭、学校、工作单位、社会活动组织）相关联，每个社会团体的成员都有一些需要共同遵守的成文或不成文的行为规范，有大体相同的知识，成员的态度无形中受团体压力的影响，对自己所属团体的态度有支持和接受的倾向。如一个人对旅游已有某种态度，由于家庭中其他成员对旅游持相反的态度，他的态度强度就会发生变化，甚至转而同意其他家庭成员的态度。

（四）个性特征的影响

个性特征是影响个体旅游态度的重要心理因素。这是个体自身内部因素的作用。兴趣使个体的心理活动集中指向兴趣的对象，表现出极大的关心，这本身就包含着一种积极的态度成分。兴趣还使人接近、选择兴趣对象，从事感兴趣的活动，而远离、回避那些不感兴趣的对象。不同的兴趣会产生不同的态度。当人们对某项旅游活动产生了兴趣，或对某项旅游活动不再感兴趣，都会引起态度性质的变化。由气质和性格不同而产生的个性倾向不同，使人们对旅游对象也会产生不同的态度。例如，具有内倾性格特征的人，往往对那些比较安静、变化因素较少的旅游活动持有积极的态度；而气质和性格具有外倾性的人，则会对比较活跃、带有某种程度的探险性质的旅游活动有比较积极的态度。

（五）其他因素的影响

个人创伤性或戏剧性的经验，会影响或强化人们的旅游态度。例如，人们乘坐飞机旅游途中，由于飞机出现故障或因恶劣气候而紧急降落，会使人们改变对乘飞机旅游的态度。他可能在今后旅游时，尽量避免选择飞机这种交通工具。所谓“一朝被蛇咬，十年怕井绳”，就是对这类创伤性经验影响的一种概括。人们在旅游中的戏剧性的经验也会对旅游态度起到重要作用。比如说，外国游客参加了事先未作安排的太湖钓鱼活动，又真的钓上来一条鱼，心里就会非常高兴，他用宣纸做成鱼的拓片，作为这次旅游的美好纪念，这种预料之外的带有戏剧性色彩的经验，会极大地强化他对中国旅游的良好态度。[①]

---

① 秦明．旅游心理学．北京：北京大学出版社，2005：66－67.

二、旅游者态度的形成过程

人的态度是在一定的社会环境中形成的。刚出生的婴儿，无所谓态度，在其发育成长过程中不断接触周围事物，从而在大脑中形成了各种印象、看法，获得了相应的情绪体验，于是逐渐形成了对事物的态度。

心理学家 H. C. 凯尔曼认为态度的形成过程包括以下几个阶段：

（一）服从阶段

服从是指人们为了获得物质和精神的报酬或避免惩罚而采取的表面顺从的行为。服从阶段的行为不是个体真心愿意的行为，而是一时的顺应环境要求的行为。其目的是获得奖赏、赞扬、被他人承认，或是避免处罚、受到损失等。当环境中的奖励或惩罚的可能性消失时，服从阶段的行为和态度就会马上消失。

服从阶段的态度在日常生活中普遍存在。比如，一个新入职的员工，主管要求他周末加班，从新员工内心来说，他并不喜欢加班，但是为了能够更快融入一个新的群体，为了获得主管的承认，这名新员工会表现出服从的态度。但是当他的加班并没给他带来他心理预期的结果时，下次再让其加班，他可能会表现出不服从的态度。

服从阶段的态度在旅游活动中也普遍存在。比如，在一个旅游活动中，导游会对旅游者提出一些旅游过程中的要求，比如守时、不落队等，大多数旅游者都会表现出服从的态度，虽然其内心认为“我花钱旅游是为了享受生活或增长知识等，没必要听导游的话”，但是为了表现出自己的素养和求得大多数人对自己的认可，他们都会选择服从的态度。可是，旅游者这种简单的服从态度并不会从一而终，如果旅游服务人员没有更好地关注其需求，一味地进行要求，那么，旅游者就会不再服从，出现同服务人员争吵、投诉的现象。所以，在旅游活动中，为了让旅游者更好地服从，旅游服务企业应该更加关注旅游者服从的心理需求。

（二）同化阶段

同化是个体自愿地让自己的态度和行为与心目中榜样的态度和行为相一致。实际上，我们很多时候都是依照社会中其他角色的态度来指导我们自己的思想和行为。同化阶段与服从阶段不同，同化阶段不是在环境的压力下形成或转变的，而是出于个体的自觉和自愿。

在旅游活动中，旅游者和导游在接触过程中，会有一些观念是一致的，在导游讲解过程中会与旅游者产生共鸣，这时同化的态度就会出现。

（三）内化阶段

内化阶段是指个体从内心深处相信并接受他人观点，使之纳入自己的态度体系成为有机组成部分。内化在个体态度形成的过程中起着非常重要的作用。我们知道，每个团体都有其一定的规则，有的明确、有的模糊，但团体不可能对所有的行为都制定一定的规则，这就要求成员在大多数场合下都自觉地按照社会的期望来行动。在旅游活动中，大多数导游对旅游者的态度都是服从，这是因为导游长期受旅游服务公司的约束，要求其为旅游者提供优质服务，减少旅游者的投诉，久而久之，导游也被旅游服务公司所内化，当其与旅游者发生摩擦时，其内心深处首先对他的提示就是要服从旅游者。这种心理的形成是由于内化的态度导致的。

态度的形成从服从阶段到同化阶段再到内化阶段，这是一个复杂的心理过程，并不是所有人对所有事物的态度都要完成这个过程。人们对于一些事物的态度的形成可能完成了整个过程，但对另一些事物可能只停留在服从或同化阶段。

案例赏析

双胞胎旅游

某日，天津方正旅行社接到电话，天津民间的一个双胞胎协会想组织很少旅游的双胞胎孩子去塘沽参观，希望能租到四辆旅游大巴，但因微薄的会费无法承担此次活动的费用，双胞胎孩子家庭的负担也很重，多次因活动经费紧张未能租到车，活动可能因此被取消。方正旅行社了解到以上情况后，为了饯行“服务社会”的承诺，决定免费提供旅游大巴车，为每辆车安排一名优秀的导游，沿途为孩子们进行精彩的讲解，并负担所有的费用。

资料来源 http：//travel. people. com. cn/GB/139035/349552/index. html，2017-08-02.

评析：天津方正旅行社免费为双胞胎旅游提供大巴车和优秀导游的行为实际上就是用优秀行为内化旅游者的策略。在案例中，本没有出游希望的双胞胎们能够顺利出游，除了旅游带给双胞胎们良好的体验，天津方正旅行社也获得了良好的声誉，这种声誉会在旅游者之间广泛流传。这种口碑宣传会让旅游者在选择旅行社时对方正旅行社持有积极认同的态度。

答疑解惑

施金丽成为游客嘴中优秀的导游员的原因在于其忠于导游这个工作，积极努力地学习跟本职工作相关的知识，同时关注游客的态度，用自己的热情感染着游客，使游客在旅行途中不知不觉地被她的服务同化、认同她，最终使游客形成了良好的态度。

任务三　旅游者态度的改变

案例导入

旅游者态度的转变

2011 年，王女士去浙江探亲，闲暇时间计划去千岛湖玩一玩。她报了一个散团，这个团有 14 名游客，由一个年轻的小伙子带队，并作为这个旅游行程的导游。因为千岛湖有锁岛、鸟岛、蛇岛、状元桥等景观，岛屿较多，而王女士的团是一日游，导游计划一天游多个岛屿，所以，一路带着大家小跑，每个岛停留10分钟。当以这种快速的方式游览了2个岛后，游客就开始抱怨，有人甚至说“我们不是来锻炼身体的，我们是来游山玩水的”，大多数游客面带不悦。年轻的导游见状，立刻改变做法，跟大家商量，少游几个岛，但在每个岛的停留时间从10分钟变成1小时，大家同意，并赞赏年轻导游能替游客考虑。最后，王女士同同行游客愉悦地结束了短暂的一日游。

? 问题与思考

1. 游客为什么会“抱怨”?
2. 后来游客们为什么又改变了态度，不再抱怨?
3. 年轻导游用什么策略改变了大家的态度?

知识探究

旅游态度形成之后很难改变，但并不是绝对不能改变。态度的不稳定性不意味着态度是一成不变的，随着外界条件及个体因素的变化，态度也可以改变，并可以形成新的态度。

一、旅游态度改变的两种形式

旅游者态度的改变包括两种形式：一种是一致性改变，即不改变态度的性质和方向，只改变原有态度的强度，如原来只是把某目的地列入旅游计划，但还是有点犹豫不决，后来在某种因素的影响下，坚定不移地要去，这就是强度的变化。另一种是非一致性改变，即态度的性质和方向发生变化，以新的态度代替原来的态度。如原来不喜欢某个目的地，后来变得喜欢了，这就是方向的变化。态度改变的两种形式具体内容如表5-1所示。

表5-1　态度的两种改变形式

类型	原来的态度	改变后的态度
一致性改变	赞成	非常赞成
	非常赞成	赞成
	反对	非常反对
	非常反对	反对
非一致性改变	赞成	反对
	反对	赞成

二、影响旅游者态度改变的因素

（一）旅游者个人的因素

1. 需要

旅游者的态度无论如何变化，必然以其需要为中心，因此，在很大程度上会把自己的态度转向容易满足自身需要的方向。

2. 性格特点

依赖性强、暗示性高或比较随和的人容易相信权威、崇拜他人，因而容易改变态度；独立性强、自信心高的人则不容易被他人说服，不易改变态度。

3. 智力和知识水平

受教育程度高、智力水平高的人一般有较强的辨别和判断能力，能准确分析各种观点，不容易受他人左右，改变他们的态度需要花费相当大的精力。

4. 自尊心

自尊心强的人，心理防卫能力也比较强，不容易接受他人的劝告，因而态度改变也比较难。[①]

（二）群体的因素

每一个生活在社会上的人，都要加入到群体中，成为群体的一员，而群体对传播和说服的效果将会产生一定的作用，这种作用既可能是干扰性的，也可能是促进性的。

1. 群体对态度改变的干扰作用

任何一个群体，都有其特有的信息流通结构。比较活跃或地位较高的群体成员，往往能起到控制外来的流通信息的作用，他们可能会阻止不合群体价值规范的传播信息流入，或者他们先接触到传播信息经过修改润饰后，再转达给其他的群体成员。因此，群体内部的多数成员可能无从获得外界的信息，或得不到真实的信息。

群体对传播信息的另一个抵制作用是，归属于同一群体的成员，通常都持有相似的态度与看法。这类共有的态度与看法相互强化、相互支持，可以促进群体成员抵制与本群体不符的外来信息。成员对群体的归属感越强，抵制外来的影响的力量越大。

2. 群体对态度改变的促进作用

取消群体对个人态度的支持，或者经由群体讨论和群体决定引导多数成员向一个新的观点转变等，都是群体促进态度改变的主要因素。群体决定之所以能够促进态度的改变，主要得力于：第一，对未来的行动有所决定；第二，看到其他多数群体成员同意执行了拟议的行动。[②]

（三）外部环境

人生存在社会环境中，社会环境因素对态度的改变起着非常重要的作用。社会环境包括法律法规、社会制度、风俗习惯等。某些社会因素发生变化的时候，生活在其中的个人的态度也会逐渐发生变化。例如，在古代女子大门不出二门不迈，随着女子社会地位的提高，女子外出旅游是很普遍正常的事情，目前已经出现了专门为女士设计的行程，女士套餐和女士主题客房也屡见不鲜。

---

① 李清霞．旅游心理学．西安：西北工业大学出版社，2010：100.

② 秦明．旅游心理学．北京：北京大学出版社，2005：70－71.

三、改变旅游者消极态度的方法和策略

旅游者的态度受主客观因素的影响，通过适当的途径，采取正确的方法，可以有效地改变旅游消费者的消费偏见，改变旅游者的消极态度。改变态度的方法有以下几点：

（一）关注旅游产品和服务

要改变旅游者的态度，最有效的办法就是更新旅游产品和服务，提高旅游服务的质量。从旅游者的角度来讲，希望整个旅游活动过程中一直保持新鲜感，所以去过某一旅游景点了，就不希望去第二次了。作为旅游企业要不断进行旅游开发，推出特色旅游产品，使其对旅游者保持长久的吸引力。

资料链接

生态旅游

“生态旅游”这一术语，由国际自然保护联盟（IUCN）特别顾问谢贝洛斯·拉斯喀瑞于1983年首次提出，就生态旅游给出了两个要点：其一是生态旅游的物件是自然景物；其二是生态旅游的物件不应受到损害。1993年国际生态旅游协会将其定义为：具有保护自然环境和维护当地人民生活双重责任的旅游活动。生态旅游的内涵强调的是对自然景观的保护，是可持续发展的旅游。在全球人类面临生存环境危机的背景下，随着人们环境意识的觉醒，绿色运动及绿色消费席卷全球，生态旅游作为绿色旅游消费，一经提出便在全球引起巨大反响，生态旅游的概念迅速普及全球，其内涵也得到了不断的充实，针对目前生存环境不断恶化的状况，旅游业从生态旅游要点之一出发，将生态旅游定义为“回归大自然旅游”和“绿色旅游”；针对现在旅游业发展中出现的种种环境问题，旅游业从生态旅游要点之二出发，将生态旅游定义为“保护旅游”和“可持续发展旅游”。同时，世界各国根据各自的国情开展生态旅游，形成各具特色的生态旅游。生态旅游发展较好的西方发达国家首推美国、加拿大、澳大利亚等国，这些国家的生态旅游物件从人文景观和城市风光转为谢贝洛斯·拉斯喀瑞所指定的“自然景物”，即较为原始的大自然，这些自然景物在其国内定位为自然生态系统优良的国家公园。以原始森林为主的优良生态系统也成为生态旅游目的地，其中加勒比海地区和非洲野生动物园成为生态旅游热点区域。

资料来源：http：//wenda. haosou. com/q/1363265921061811，2017-04-20.

（二）提高旅游服务质量

旅游服务不能像实物产品那样可以在形体上加以改变，但是可以通过改变旅游服务人员的态度和仪表、服务价格及服务方式等途径来促进旅游者改变对旅游服务的态度。

1. 微笑服务与仪表

旅游服务人员的微笑，可以对旅游者的态度产生影响。通常，笑是一种心境，反映出人的情绪状态及精神面貌；同时，笑也是一种世界通用语言，凭借它进行交际，有时比说

话更能表达友好的目的。

旅游服务人员的仪表是旅游者产生“第一印象”的基础。因为人对客观事物的认识总是从感知其外部形态开始的，旅游者对旅游企业经营管理和服务质量的判断和评价，及其对旅游产品和服务态度的形成，往往都是从感知旅游服务人员的仪表开始的。

旅游服务人员服饰整洁合体、美观大方可以让旅游者联想到旅游服务企业的经营管理符合“宾客至上”的服务精神，从而产生信任感，形成积极肯定的旅游态度；反之，旅游服务人员衣衫邋遢、形象怪异，旅游者会形成消极否定的态度。

所以，要改变旅游者消极否定的态度，旅游服务公司应该加强旅游服务人员的微笑服务和仪表管理。

2. 改变和增加营业地点和服务网点

地点是许多商业公司取得成功的关键因素，对出售无形产品的旅游服务公司尤其如此。由于服务既是生产性的又是消费性的，所以，旅游者必须到旅游服务公司的营业地点去办理旅游相关事宜，从而对其营业地点和服务网点就有了便利的需求。改变或增加营业地点和服务网点，是旅游服务公司促使人们对它持有积极态度的最佳方法之一。

3. 提供时间上的便利

除了地点和服务网点的便利外，旅游者还需要旅游服务公司为其提供时间上的便利，即不论何时，只要旅游者有需求，都会迅速得到满足。如航空公司提供方便的起飞时间、汽车出租公司的昼夜服务、饭店和便利店的 24 小时服务等，都可以促使旅游者对其提供的服务持肯定的态度。

（三）做好宣传，改变旅游者已经形成的消极态度

态度的形成和改变的关键在于人们对于态度对象的认识。在更新旅游产品、提高旅游服务质量的同时，必须做好宣传。做宣传时要注意以下几个方面的问题：

1. 要注意信息的可信度

信息越真实可靠，人们对信息和信息的来源越信任，改变态度的可能性就越大。为了提高新信息的可信度，旅游服务公司应该时刻注意以诚信面貌示人，并且在宣传中不要人云亦云，不要做虚假宣传，要实事求是。

2. 选择好的宣传媒介

宣传媒介有很多种类，比如电视、网络、报纸、杂志等，旅游服务公司在宣传自己的产品时，要选择适合其公司特点和产品特点的媒介，同时要选择旅游者信赖的媒介。这样就可以最大可能地改变消费者已经形成的消极态度，使其信任旅游服务公司。

3. 在传播时要注意情感诉求方式和理性诉求方式的选择

态度既有理智成分，又有情感成分，两者对态度的形成和改变都有作用。说服力可以因其他一些能引起积极情绪的因素而增加，尽管有时这些因素看起来与说服意图无关。在旅游活动中，旅游者总是将自己的情感倾注于旅游产品和服务上，那么，旅游服务公司也应该关注旅游者的情感需求，在宣传中选择情感诉求方式；同时旅游者还有理性的一面，故此，旅游服务公司在传播信息时要将情感诉求和理性诉求结合起来，有助于其改变旅游者的消极态度。

（四）巧妙运用一些具体策略

1. 利用“权威效应”

“权威效应”又称为权威暗示效应，是指一个人要是地位高、有威信、受人敬重，那他所说的话及所做的事情就容易引起别人的重视，并让他们相信其正确性，并改变其消极态度。

研究表明，劝说者的专业名望越高，就越容易使对象迅速地对其劝说做出积极反应。同样是劝导人们戒烟，如果是一个普通人，人们将不以为然，而如果是一位肺癌专家，人们就不得不重视。事实上，人们对具有较高身份的专家的劝说，往往会降低判断性，而表现出顺从或者认同；相反，人们对于专业身份较低的劝说者，则会更加挑剔，表现出否定、抗拒、贬低等逆反态度。

所以，许多国家的旅游宣传机构利用名人、权威曾经去过的地方和购买、使用过的商品大作宣传，使得许多人竞相效仿。

这种“权威效应”在旅游活动中应用，可以有效改变旅游者的消极态度，使其积极配合旅游服务公司的旅游要求。

2. 利用“登门坎效应”

“登门坎效应”是指一个人一旦接受了他人的一个无不足道的要求，为了避免认知上的不协调，或想给他人以前后一致的印象，就有可能接受更大的要求。这种现象，犹如登门坎时要一级台阶一级台阶地登，这样就能更容易、更顺利地登上高处。

所以当旅游者具有消极的态度时，旅游服务公司想让其改变态度，切记不可一下提出所有请求，要分步来办，先提出小的要求，逐渐提出其他要求。这样对旅游者消极态度的改变就有一定的效果。

资料链接

登门坎效应的实验

这个效应是美国社会心理学家弗里德曼与弗雷瑟从1966年做的“无压力的屈从——登门坎技术”的现场实验中提出的。

实验过程是这样的：实验者让助手分别到两个居民区劝人们在房前竖一块写有“小心驾驶”的大标语牌。在第一个居民区，向人们直接提出这个要求，结果遭到很多居民的拒绝，接受的仅为被要求者的17%。在第二个居民区，先请求各居民在一份赞成安全行驶的请愿书上签字，这是很容易做到的小要求，几乎所有的被要求者都照办了。几周后再向他们提出竖牌的要求，结果接受者竟占被要求者的55%。

研究者认为，人们拒绝难以做到的或违反意愿的请求是很自然的；但是他一旦对于某种小请求找不到拒绝的理由，就会增加同意这种要求的倾向；而当他卷入了这项活动的一小部分以后，便会产生自己是关心社会福利者的知觉、自我概念或态度。这时如果他拒绝后来的更大要求，就会出现认知上的不协调，于是恢复协调的内部压力就会使他继续干下去或提供更多的帮助，并使态度改变成为持久的。

资料来源：http：//wiki. mbalib. com/wiki，2017-08-23.

3. 利用“自己人效应”

所谓自己人效应就是指当知识的宣传方与劝说方在观点上一致，或有某种意义上的相似性时，就会心心相印，息息相通，视为知己，宣传效果也好。

传播旅游信息时，如果表明自己与对方在观点、利益、地位上有更多的一致或相似，使旅游者产生“自己人”的感觉，就会对改变旅游者的态度产生更有利的作用。比如，在旅游宣传时，宣传者不是以推销商的身份形象出现，而是以旅游顾问的身份去做工作，会对潜在的旅游者的旅游态度和旅游选择产生更大的作用。利用旅游顾问对潜在的旅游者的劝说，其实就是让旅游者认为旅游顾问是“自己人”。[①]

4. 注意“超限逆反效应”

超限逆反效应是机械重复、容量过大、强度过强、时间过久等因素引起的心理反应，是个人用反向态度与行为来对外界的劝导做出反应的现象。如在景区中，商家过于热情的服务反而会导致旅游者的躲避反应。这是机体的自然保护反应。

答疑解惑

年轻的导游作为一名旅游服务人员，代表旅游服务公司的形象，在与旅游者的交往中，应把握基本的服务态度：在不损害公司利益的前提下，尽量满足旅游者的需求。在服务开始时，他仅仅为了完成一日游的枯燥的项目而匆匆进行，走马观花，导致游客的不满。但是，他在游客抱怨后，及时与游客共同商量，达成口头一致协议，少游几个岛，但是每个岛的停留时间延长。游客也理解在一日游这种短暂的行程中很难把每个岛都游览到，所以同意了导游的提议。双方意见一致了，游客的态度也就改善了。

项目小结

本项目分析了旅游者的态度、态度构成要素、态度的特性和旅游者态度对旅游活动的影响，同时介绍了旅游者态度形成和旅游者消极态度的改变。

实训练习

一、选择题

1. 旅游者态度的特性包括（　　）。

A. 态度的肯定性和否定性　　B. 态度的强度特性

C. 态度的针对性　　D. 知觉的角色性

2. 群体因素对旅游态度的改变包括（　　）。

A. 干扰作用　　B. 平衡作用　　C. 促进作用　　D. 协调作用

① 闫红霞．旅游心理学．武汉：华中科技大学出版社，2010：150－156.

二、简答题

1. 旅游者的态度是什么？有什么特性？
2. 影响旅游者态度形成的因素有哪些？
3. 改变旅游者态度的策略有哪些？

三、综合业务题

案例名称	态度决定命运
工作任务	有两个年龄差不多的兄弟，哥哥是城市里顶尖的律师，弟弟是监狱里的囚徒。一天，有记者去采访当律师的哥哥，问他成为这么棒的律师的秘诀是什么？哥哥说："我家住在贫民区，爸爸既赌博又酗酒，不务正业，妈妈有精神病，我不努力，能行吗？"第二天，记者又去采访当囚徒的弟弟，问他失足的原因是什么？弟弟说："我家住在贫民区，爸爸既赌博又酗酒，不务正业，妈妈有精神病。没有人管我，我吃不饱、穿不暖，所以才去偷去抢。"
完成时间	15 分钟
任务目标	了解态度的重要作用。
任务要求	哥哥和弟弟的不同命运是由什么造成的？你怎么看待这个问题？
研讨内容	
研讨成果	
讨论过程	
自我角色	
自我评价	
小组评价	
教师评价	

项目六 了解旅游者的消费决策

问题引入

对于旅游者而言，从旅游需要的产生到需要的满足，旅游者需要进行各种旅游选择，在确定购买行为后才能进行旅游消费，你知道在这个过程中旅游者经历了怎样的心理变化吗？旅游者又是怎样进行旅游决策的？

任务导读

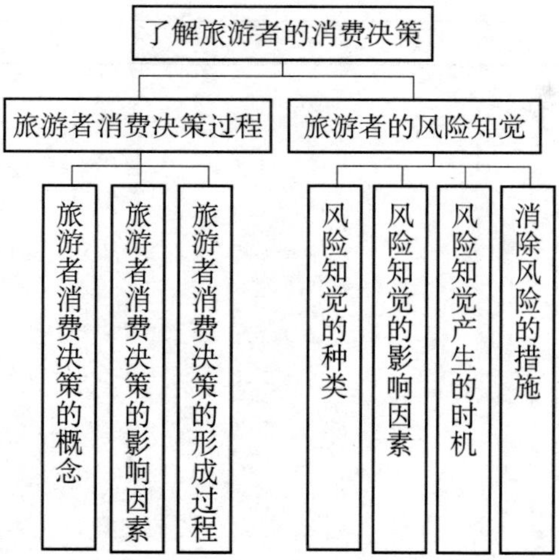

学习目标

知识目标：掌握旅游消费决策的概念；了解旅游者收集信息的渠道；重点掌握旅游者旅游决策的过程；理解旅游方案选择的原则。

能力目标：通过对本章内容的学习，能够利用消费心理学的研究方法来分析和预测消费者的行为。

任务一　旅游者消费决策过程

案例导入

箕子的担忧

商朝时，纣王登位之初，天下人都认为在这位年轻精明的国君的励精图治下，商朝的江山一定会坚如磐石。有一天，纣王命人用象牙做了一双筷子，从此爱不释手，十分高兴地使用这双象牙筷子就餐。他的叔父箕子见了，劝他收藏起来，而纣王却满不在乎，满朝文武大臣也不以为然，认为这只是一件很平常的小事，但箕子为此忧心忡忡。

有的大臣问他原因，箕子回答说："纣王用象牙做筷子，必定再不会用土制的瓦罐盛汤装饭，肯定要改用犀牛角做成的杯子和美玉制成的饭碗；有了象牙筷、犀牛角杯和美玉碗，难道还会用它来吃粗茶淡饭和豆子煮的汤吗？大王的餐桌从此顿顿都要摆上美酒佳肴了；吃的是美酒佳肴，穿的自然要绫罗绸缎，住的就要求富丽堂皇，还要大兴土木筑起楼台亭阁以便取乐了。对这样的后果我觉得不寒而栗。"仅仅 5 年时间，箕子的预言果然应验了，商纣王恣意骄奢，断送了商汤绵延 500 年的江山。

资料来源：http：//www. shuoke8. cn/article/shuoke9258. html，2017-09-20.

? 问题与思考

为什么箕子会忧心忡忡？

知识探究

旅游者在消费旅游产品之前首先要进行购买，由于旅游产品相对于其他的产品而言具有一定的特殊性，所以旅游者在进行购买前要进行科学的决策，旅游者的决策的质量决定着旅游产品的品质及消费后的效果。正确的决策使旅游者花费较短的时间、较少的金钱买到物美价廉的旅游产品，最大限度地满足旅游者的需要；反之，则会花了钱、费了时间而自己的需要却没得到满足。所以旅游决策科学与否是决定旅游者旅游效果是否符合预期的关键所在。

一、旅游者消费决策的概念

旅游者的消费行为并不仅仅指我们所看到的购买行为，它具体还包括人们为了满足自己的需要和欲望而进行的寻找、选择、购买、使用、评价的过程。当旅游者产生旅游需要时，就会主动地寻找满足需要的对象，在寻找的过程中要搜集各种各样的信息，寻找的结果是有几个对象都可以满足其旅游需要，但是由于各种原因的限制，旅游者只能选择其中一个，旅游者要进行比较评价，在确定唯一的对象后进行购买。随着旅游活动的展开，旅游者获得各种旅游体验。当旅游结束后，旅游者会将自己的旅游体会与事先的预期进行比较，从而产生满意或不满意的情感体验，这也决定着旅游者以后的购买行为。可见，在旅游者消费行为中的每一个环节都伴随着不同的心理变化。

具体来讲，旅游者的消费决策是指旅游者购买目的的确立、手段的选择和动机的取舍过程。旅游者的消费决策在旅游者的购买行为中占有非常重要的作用，对于旅游者而言，决策的内容不仅规定着购买行为发生的方式，而且决策的质量也决定着购买行为效用的大小。对于旅游企业而言，分析旅游者的购买决策，可以为旅游产品的定价和销售提供依据。

二、旅游者消费决策的影响因素

旅游者在制定购买决策时伴随着复杂的心理变化，相对于其他决策来讲有一定的特殊性。主要体现在旅游者的决策具有一定的情景性，影响决策的因素发生变化时，旅游者的决策也会发生变化。另外，影响旅游者决策的因素很复杂，具体体现在以下几方面：

（一）个人因素

1. 人口统计因素

影响旅游者消费决策的个人因素主要是指旅游者的人口统计因素，如年龄、健康状况、性别、职业等。

（1）年龄。

由于年龄的差异，不同旅游者在选择旅游产品的种类、出游的方式、出游的动机以及在旅游过程中的行为表现都有很大差别。一般来讲，年轻人好奇心比较强，他们对参与性较强的娱乐性旅游产品比较感兴趣，在旅游的过程中喜欢时髦的、刺激性和冒险性较强的旅游活动，还经常会发生一些冲动性的购买行为。老年人则不同，他们往往对那些较为安逸的度假型的旅游产品比较感兴趣，在旅游的过程中，他们不喜欢吵闹，希望旅游能有益于他们的健康，在购物时物美价廉、经济适用才是消费的标准。

（2）健康状况。

任何一项旅游活动都需要耗费一定的体力和精力，因此旅游者的身体健康状况就成为旅游决策的直接影响因素。人们希望在旅游的过程中获得愉悦的精神感受，如果身体状况不佳，很难承受旅游所消耗的体力，也会因此放弃旅游的计划，或者选择一些较为简单、体力消耗较小的旅游活动。健康状况不同，旅游者对交通工具、住宿设施及饮食的要求也有很大差异。例如，心脏不好、有高血压病史的旅游者一般不乘坐飞机出行；他们也不会选择到气候条件比较恶劣的地方旅游，例如西藏，他们很难承受高原反应所带来的种种不适。还有一些旅游者因为自己身体健康方面的原因，在饮食上有一些特殊的禁忌，这些因素都会影响他们的旅游决策。

（3）性别。

性别对旅游决策的影响大多产生于传统文化所赋予的性别角色行为，以及不同性别在社会结构中所处的地位差别。从生理上来讲，男性和女性旅游者在感官功能如视觉、听觉及触觉等方面的某些差异，使旅游者对旅游营销刺激的反应有差别。女性较为感性，在面对强烈的营销刺激时，往往更容易被打动，产生购买行为；而男性则较为理性，较少发生冲动性的购买。另外，女性心思较为细腻，在出游前往往对旅游活动的安排想得较为周全。

（4）职业。

一个人的职业在很大程度上决定了这个人在社会结构中所处的地位、收入水平、闲暇时间的多少。收入的多少直接限制了旅游者购买旅游产品的种类、品牌、购买方式及购买数量，闲暇时间限制着旅游者出行的范围。职业本身意味着购买者的工作性质和生活经历。不同职业的人，由于工作性质可能会促使其选择不同的旅游产品，工作繁杂程度高、人际交往频繁、工作任务重的人倾向于选择放松型的度假旅游，例如：20 世纪 90 年代后，欧美许多白领阶层多以“放松”和“逃避”为旅游目的，追求闲淡舒适，而不再热衷于选择刺激性强的旅游项目。工作内容单一、重复性高的人往往会选择一些较为刺激的、充满出乎意料、富有挑战性的旅游项目。

（5）受教育程度。

受教育程度的高低是影响旅游者购买行为的又一重要文化因素。首先，文化水平的提高强化了旅游者购买行为的自觉性、主动性。由于受教育程度的提高，消费者对消费现象有深入了解，消费者可能有意识地、主动地接受和消费某种旅游产品，以此达到其期盼的陶冶情操、开阔视野、教育后代等目的；反之，受教育程度较低的消费者对购买行为的选择只能停留在一个较低的层次。其次，旅游者文化水平的高低影响着其旅游消费结构。一般来说，消费者受教育程度越高，对精神生活方面的需求越多，受教育程度较高的旅游者可能更多地考虑旅游产品构成中“精神愉悦”的因素，如独特的风情、高质量的服务、高品位的旅游商品等；反之，受教育程度较低的旅游者可能对提供物质享受的产品怀有浓厚的兴趣。此外，同样的产品，由于销售渠道和促销手段的不同，可能会对不同受教育程度的消费者产生完全不同的效果。

2. 个人经济条件

在现代社会中，仅有旅游消费的欲望，并不足以创造旅游客源市场，还要有现实的购买力，才能使旅游消费欲望成为现实。旅游者的经济收入直接影响其购买行为，决定旅游者的愿望能否实现以及旅游消费水平的高低，同时也影响着人们的旅游消费构成，比如：经济收入增加会使消费者在食、宿、行、游、娱、购六大要素方面的消费比例发生变化，对旅游目的地的选择，对旅游产品、旅游价格的要求等也会发生相应的变化，就如人们无法想象，享受最低社会保障金的下岗职工能够拿出几千元到外地旅游。

3. 时间条件

有了可自由支配的收入和强烈的旅游愿望，还需要有足够的闲暇时间，旅游行为才能发生。时间条件是影响旅游决策的又一影响因素，闲暇时间长可以进行远距离的旅游，时间短只能进行近距离的旅游，或者选择更快捷的交通方式出行。人们现在的出游时间主要集中在国家的法定假日，旅游者想把时间更多地花费在旅游体验上，而不是旅途中，所以大多数的旅游者在经济条件允许的情况下会选择乘更快捷的交通工具出行。

4. 个体心理因素

动机是购买行为最根本的驱动力，需要是旅游动机产生的内在心理因素，是影响旅游决策最重要的因素，旅游者正是通过旅游购买及消费来满足需要，缓解生理和心理的紧张感。在旅游活动中，旅游者的出游动机也许只是出于一种需要，也有可能出于多种需要，例如：在旅游过程中许多旅游者往往倾向于探求不熟悉的、未曾见过的事物，并喜欢到陌生的地方去。这种需要是探求的需要，是由好奇心及探求心理引发心理紧张而产生的，但并不排斥旅游者在旅游中对安全的要求。因此，旅游企业在产品和服务设计中，必须兼顾旅游消费者的多种需要。

案例赏析

国庆节去哪旅游

今年的“十一”国庆黄金周又到了，小明的爸爸妈妈打算带着他还有爷爷奶奶外出旅游，但是对于去哪旅游、怎么去产生了较大的分歧，这可愁坏了小明的爸爸妈妈。小明说他想去香港，那有迪斯尼乐园，到那可以痛痛快快地玩儿。妈妈对此非常赞同，因为香港是购物的天堂。爷爷奶奶说他们想去三亚，因为听说那的气候比较好，想去感受一下。后来综合了一下大家的意见，决定去大连旅游，大连有老虎滩海洋公园，还有怡人的海滨气候，可以满足一家人的需要。这时爸爸提议自驾车出游，这一提议遭到了爷爷奶奶的反对，他们认为自己开车出游不安全，还容易迷路。最后爸爸放弃了这个计划，决定坐飞机出行。一切安排妥当，就等着节日的到来了。

试分析一下这一家人旅游决策背后的原因。

评析：影响旅游决策的因素比较复杂，不同的年龄、性别的人感兴趣的对象都不一样。小孩子比较喜欢参与性强的娱乐项目，老年人喜欢对他们健康有益的旅游项目。不同的人风险知觉的水平也不一样，这影响了他们对出行方式的选择，爸爸认为自己开车更方便自由，而爷爷奶奶认为乘坐公共交通工具较为安全，所以反对爸爸的提议。另外，在一家人意见不一致的情况下，只有相互妥协，意见才有可能统一，才能最终确立一个可行的出游计划，这一点，小明的家庭做到了。

（二）环境因素

1. 家庭对旅游决策的影响

家庭对旅游决策的影响一方面体现在不同家庭成员对家庭旅游购买决策的影响不同，在孩子尚小的家庭中，父母一般是旅游方案的主要决策者，随着子女年龄的增大，子女也逐渐影响到家庭的购买决策，在旅游过程中，子女也经常成为某些购买行为的决策者。夫妻双方在购买决策中的作用随购买产品的种类及不同家庭而有所差异，对于大多数旅游产品，由于属于集体购买行为，往往由夫妻双方共同商量决定。另外，家庭的生活周期也会对购买决策产生较大影响，家庭生活周期是指一个家庭从成立到消失的全部过程。新婚夫妇对具有特色的旅游产品以及旅游目的地的环境、位置有较强的偏好。在子女未成年阶段，受环境、经济、安全等方面的影响，家庭旅游购买行为多选择近距离的目的地和相对单一的旅游产品的消费。子女成年后，家庭对旅游产品消费的可能性增多，经济宽裕，可进行豪华或远距离的旅游，对旅游产品的要求也可能有较高的水准，外出旅游要求与其社会地位、经济收入相称。在退休年迈的阶段，经济状况好的老年人往往会结伴外出旅游，其旅游需求是舒适、慢节奏、高消费。

2. 群体对旅游决策的影响

旅游者的相关群体是指直接或间接影响其态度行为的群体，亦即消费者的社会关系，包括家庭、邻居、同事、朋友、社会团体等。相关群体为旅游者的消费决策提供参考依据，对购买行为有重大影响。不同相关群体与旅游者的关系不同，对其决策的影响程度也有差异，关系越密切，影响程度也越大，例如，在家庭中，若孩子正处在少年时期，父母往往会从孩子的角度考虑，选择一些娱乐性的、知识含量较高的景点作为旅游目的地，从而放弃自己的旅游计划。对于旅游市场营销过程而言，一定的旅游产品、价格以及销售渠道、促销手段对旅游者消费决策也会产生重大影响，因此，旅游市场营销人员必须制定不同的市场营销策略，影响各类旅游群体消费决策。

3. 社会文化对旅游决策的影响

文化也是影响消费者消费决策的重要因素。每一个社会成员都是在一定的文化背景下成长起来的，这种社会文化背景影响着旅游者的价值观念、思维方式、审美情趣，所以社会文化也必然影响着人们的旅游决策。另外，不同地区、不同民族的文化差异也是引发旅游行为的重要因素，在人类历史的发展过程中，中西方在饮食、服饰、艺术、建筑，以及价值观念、伦理道德、宗教信仰等方面都有明显的差异，人们期望通过旅游来了解遥远而陌生的异域文化，并能够以平常心看待与自己的生长环境迥然不同的异域文化，进而欣赏它、了解它、接受它。

4. 社会阶层对旅游决策的影响

任何社会的人都被自觉或不自觉地根据地位和声望、价值观、生活方式等划分为相对稳定的人的群体，这个稳定的群体构成了一个社会阶层。同一社会阶层中的人的思维方式有较大的相似性，处于同一阶层的消费者，其购买行为大致相同，他们倾向于选择相同种类的产品及品牌，对企业的营销活动也有基本一致的反应。对于旅游市场营销活动来讲，受教育程度高、社会阶层较高的消费者趋于开放和自信，他们对旅游有基本相同的积极态度，对旅游消费中的精神享受和文化体验有更深的认识。社会阶层较低的人一般相对封闭、不愿冒险，在选择消费方式上有明确的功利性、短视性，在旅游消费行为中也趋于现实性、稳定性。例如，国外大公司的职员在进行外出商务旅游时，出于自己和公司身份、地位的需求，乘坐飞机往往是坐头等商务舱而不坐普通舱，住的酒店往往是高星级酒店。

（三）营销因素

旅游企业通过不同的营销手段向旅游者传递有关旅游产品的信息，并激发旅游者的旅游动机，使其产生旅游需求。营销手段的不同会对旅游者产生不同的刺激，例如，有的旅游者对旅游广告持怀疑的态度，而比较相信旅游纪录片中所体现的旅游宣传信息；有的旅游者对旅游宣传中的价格因素较为敏感，而有的旅游者对景点的特色较为感兴趣。另外，不同的旅游者获取信息的渠道也不同，有的旅游者是通过电视广告获取信息，有的是通过网络获取信息，所以，为了取得较好的营销效果，旅游企业应该采取多种渠道、多种方式进行旅游产品的推广工作，以便更好地为旅游者的消费决策提供参考。

（四）旅游服务因素

旅游服务指旅游者在旅游的过程中，所享受的旅游企业为其提供的物质产品和服务，具体包括了客源地旅游服务和目的地旅游服务，主要涉及吃、住、行、游、购、娱等各个方面的旅游服务。虽然“游”是影响旅游者旅游决策的核心因素，但是，旅游目的地的住宿条件、交通条件也在很大程度上影响着旅游决策，旅游目的地的服务设施越完善，越能够促进旅游者进行选择，若旅游目的地的住宿条件和交通条件较差，旅游者往往会选择其他旅游目的地。如果旅游目的地频频爆出各种旅游安全事故，旅游者出于自己安全的考虑，也会改变自己的旅游决策，例如云南导游辱骂游客、三亚海鲜经营户胁迫客人购买海鲜、台湾旅游大巴车坠崖等旅游事故的发生，都在一定程度上影响了旅游者的消费决策。

三、旅游者消费决策的形成过程

旅游者的消费决策过程是指旅游者在购买产品和服务过程中所经历的步骤。一般来讲，旅游者的决策过程主要包括：问题的确认—信息搜寻—方案的比较评价—购买决策—购买后的失调。但是，这一过程只是一般过程，旅游者在进行决策时并不是都经历这样的过程，他可能从某一阶段跳过或者颠倒到某一阶段，例如：有些旅游者在购买旅游商品时没有经过信息搜寻和比较评价的过程，直接进行购买，这种购买属于一种冲动式的购买，旅游者面对的各种风险较高。

（一）问题的确认

旅游者的购买行为始于对某个问题或者某种需要的确认，旅游者意识到一种需求并且有一种解决问题的冲动。

问题的确认是由旅游者的理想状态和现实状态之间的差距引起的。当旅游者意识到自己的现实状态和理想状态的差距达到一定的水平时就会产生需要，需要的强度取决于差距的大小，差距越大需要也就越强烈，需要马上解决的迫切性也就越高。问题的确认是要确认自己需要的强烈程度，强度低不会计划行为，强度高就会计划去寻找满足需要的对象。例如：在生活中你缺少某种东西，如果这种东西的缺少不会给你的生活带来很大程度的不便，你也就不会计划去购买了。但是如果缺少的东西多了，已经影响到你的生活了，你就开始计划去购买了。所以只有理想与现实的差距比较大时才会迫使人们去采取行动。上面所说的是物质上的需要，心理上的需要也是如此。譬如旅游需要，当人们的理想生活和现实生活产生差距后，会产生旅游需要，但只有当需要的强度达到一定的程度时旅游者才会计划自己的旅游行为。

引起旅游者理想状态和现实状态之间的差距的影响因素很多，具体表现在以下几个方面：

1. 缺乏

无论是生理上的缺乏还是心理上的缺乏都会给人带来一种紧张和不适，使自己处在一种失衡的状态，所以要寻找需要的满足对象来恢复平衡。在旅游过程中，旅游者的不同旅游决策体现了其缺乏内容的不同，喜欢去博物馆旅游的旅游者体现了对知识的缺乏，喜欢去疗养胜地的旅游者体现了对健康的缺乏，喜欢探险的旅游者体现了对刺激的缺乏。

2. 不满意

当现实中的自我生活状态难以满足理想中的生活状态，潜在的旅游者会产生不满意的情绪状态，要改变这种状态，旅游者就需要采取一定的行动。

3. 新需要

生活中的变化导致了旅游者新的旅游需要的产生，例如在生活中发现了新的旅游景点。

4. 相关产品的购买

需要的确认也可以是由一种产品的购买激发起来的。例如，随着旅游活动的开展，旅游者会参与一些自费的娱乐项目，到草原观光的同时自费感受骑马的乐趣、到三亚旅游时感受潜水的奇妙。

5. 营销因素

旅游营销商对旅游产品的宣传，会对旅游者产生一定的刺激，使旅游者认识到自己应该去进行购买了。在旅游旺季，超低价的旅游产品往往会让一部分旅游者较为心动。

（二）信息搜寻

一旦旅游者意识到自己的需要可以通过购买某种产品得到满足，他们就会去寻找信息。

1. 信息的来源

（1）内部信息。

内部信息是指旅游者记忆中存储的信息，这种信息往往来源于自己以前的购买经验。在旅游的过程中，旅游者对交通和住宿方面期望客观现实与他们的预期具有一致性。例如旅游者在一次旅游体验中住的是三星级酒店，他就会对三星级酒店的服务有一定的认识，对其很满意，当他再次旅游时，在住宿环节他还会在自己以往的消费经验的基础上，再次选择三星级的酒店。

（2）外部信息。

旅游者产生旅游需要后在搜集信息时首先从内部信息中去寻找有用的信息，但内部信息不足以让他进行旅游决策时，旅游者会通过外部途径获取信息。

外部信息的来源有：一是个人来源：家人、朋友、同事。二是商业信息：广告、展销、推销员、经销商。三是公共来源：大众媒体。四是经验来源：产品的操作、使用。

2. 影响个人信息搜寻范围的因素

（1）对购买风险的预期。

旅游产品是一类比较特殊的商品，有形的物质产品消费者可以近距离观察、体验，然后再决定是否购买，甚至可以先行购买，不满意再退货，而购买旅游产品时旅游者必须预先支付相关的费用，然后才能消费，这使得旅游产品的购买比一般产品的购买具有更大的风险性。为了降低这种风险，旅游者往往会全面地收集信息，旅游者购买的旅游产品价值越大，旅游者信息搜寻的范围就越大，以保证旅游决策的准确性。例如：旅游者进行洲际旅游往往会比进行国内时旅游信息收集的范围要广。另外，不同的旅游者风险知觉的水平也不一样，风险知觉水平越高，信息搜集的范围越广。

（2）对产品和服务的了解。

如果旅游者对产品的了解程度很高，也就是说能从内部信息中找到有价值的信息，这些信息足以让他进行决策，就不需要再从外部信息中去搜索信息。如果旅游者对产品和服务了解甚少，就需要花费更多的时间去搜集信息。

（3）对产品和服务的兴趣。

对产品和服务感兴趣的程度高，就会扩大信息搜寻的范围。例如，旅游者对摄影有浓厚的兴趣，他就会向专业的人士讨教一些摄影的技巧，比一般的旅游者花费更多的时间去搜集相关信息并做充分的准备工作。

（4）情景因素。

在紧急情况下，人对信息的搜寻是有限的。例如旅游者在旅游的过程中受伤，他们只是希望医护人员尽快赶往现场进行救治，没有过多的时间去搜集有关医院的信息。

3. 旅游者选择信息的过程

旅游者每天接触大量的信息，有些信息是与旅游决策相关的，有些是没有关系的。在旅游的过程中旅游者并不是搜集的信息越多越好，而且，不同的旅游者对待同样的信息也会有不同的认识。对于旅游者而言信息来源渠道也不同，有些来源于商业广告，有些来源于周围的群体，不同的获取信息的方式会对旅游者产生不同的刺激，自然就会影响到旅游决策。旅游者会对信息进行过滤，留住对自己有价值的信息，旅游者选择信息时往往会从自己的需要出发，跟自己当前的需要相关的信息比较容易被注意。另外，超出正常刺激的信息也比较容易被注意，例如在旅游者搜集信息的过程中看到了一个机票一折的信息，会比较敏感。

在搜集信息的过程中，旅游者总会将信息与自己的意愿结合起来，符合自己意愿的信息更容易成为选择的对象，因为旅游者希望自己的想法得到信息的支持。例如，旅游者比较倾向于某一旅游目的地，他就更愿意接受那些有利于他到该地旅游的信息，而不愿意去考虑那些违背他的意愿的信息。

（三）方案的比较评价

旅游者在收集完信息后，会根据自己所掌握的信息制定几套备选方案，但由于一些原因，旅游者只能选择其中一个，这时就要进行比较，按照一定的标准进行选择。

1. 选择标准

不同的旅游者评价相同的产品和服务时，往往选择的标准是不同的，甚至同一旅游者在不同的情景下选择的标准也是不同的，旅游者都是从自己需要的角度去进行评价。例如在酒店的选择上，有的旅游者将价格作为主要考虑的因素，有的旅游者将酒店的档次作为主要考虑的因素，有的旅游者将酒店舒适程度作为主要考虑的因素。

2. 进行方案比较评价应坚持的原则

（1）理想品牌原则。

每一个旅游者心目中都有一个理想品牌，将现实的品牌与理想的品牌相比较，越接近理想品牌越容易被旅游者选择。例如，旅游者先给自己心目中的理想品牌打分，然后再给现实品牌打分，最后求两者之间的差，差越大，说明理想品牌和现实品牌的差距也越大，旅游者不满意的程度也越高。

（2）多因素关联原则。

每个产品和服务都有很多属性，旅游者对这些属性的接受都有一个最低的限度，只有所有的属性都达到了规定的水平时，该商品才能被接受。运用这一原则可以排除某些信息的干扰。例如，酒店有很多属性，常常被旅游者关注的属性包括价格、星级、卫生、安全、舒适度、环境、服务等，旅游者在选择酒店时对关注的属性都有一个可接受的程度，若超出这个程度旅游者是不考虑的，如果旅游者外出旅游只住三星级以上的酒店，那一星级的酒店是不会考虑的。

（3）单因素分离原则。

即用一个标准去评价不同的产品和服务，从中选出那个最符合标准的。例如旅游者在购买旅游商品时，把价格作为唯一标准，也就是在同类商品中只买贵的。

（4）排除法的决策原则。

排除法就是逐个排除以减少备选方案。这种方法的运用就是先按照一个标准排除掉一些方案，如果还有几个方案，那就再确定一个标准，再排除掉一些备选方案，直到剩下唯一的方案。

案例赏析

一位不消费的客人

一天中午，正是××酒店客人用餐的高峰时段，中餐厅里来了一位老先生，服务员小何连忙收拾好一个位置，让这位老先生坐了下来，并面带微笑地说："您好，欢迎光临，请问您需要什么？"老先生说："我不点菜，给我一份素面就可以了。"服务员小何仍然微笑着说："好的，我们酒店的面条味道不错，请您稍等，马上就好，您先喝点茶。"说着，小何给老先生倒了一杯茶后才离开。几分钟后，热气腾腾的面条端了上来，老先生吃完后，付了钱，就独自走了。第二天中午，餐厅又开始忙碌了，小何发现那位老先生又来了，小何连忙迎上去，微笑着跟老先生打招呼："先生，您来了，请坐。"小何正想问老先生点什么，不料老先生说："服务员，我暂时不想点餐，先坐一会，可以吗？""当然可以，那您先喝点水吧。"说着，小何又给老先生泡了一杯茶然后才离开。过了一会儿，小何又去给老先生加水，这时老先生对小何说："你们的服务真不错，我到这儿不是为了吃饭，我的儿子要举行婚礼了，我想订 20 桌婚宴，到了几家酒店考察，只有你们的服务最好，现在我决定就在你们酒店订了。"

资料来源：http：//www. baike. com/wiki/旅游决策，2017-07-23.

试分析是什么原因让老人决定在此酒店为儿子办婚礼。

评析：从案例中我们可以看出，这位老先生订酒店的过程实际上就是一个决策的过程，他两次到酒店，以吃饭的形式收集酒店的服务态度、服务水平、服务质量等相关信息，并和其他酒店加以比较，最后才做出决定。

（四）购买决策

旅游者在经过信息的搜集、方案的比较评价以后有了最优的选择，旅游者就有了购买某种旅游产品的意图，但购买意图和购买决策之间还有其他因素在起作用，例如态度、未预料到的情况等。购买决策与真实行为并不一定一致，在一般的情况下，旅游者一旦选择了某种旅游产品，就会进行购买，但有时突发事件的发生会改变他们的购买意图，这时就需要做出额外的决策。例如，旅游者已经做好了到某地旅游的打算，突然某一天该旅游目的地发生地震，旅游者就会改变他的旅游意图。

（五）购买后的失调

旅游者在旅游活动结束以后，会将自己的旅游感受与自己旅游前的预期进行比较，旅游者的期望与他们实际得到的产品或服务之间的差距越大（低于期望的状况），旅游者购买后产生的不满意的体验就越深刻，这种现象称为购买后的失调。

影响旅游者失调程度的因素包括现实与期望之间的差距、差距对个人的重要程度、差距能够修正的程度、购买的费用等。如果旅游者在旅游之前没有给予本次旅游较高的期望，但当他到了旅游目的地得到了意想不到的收获，比事先的预期要好很多，旅游者就会喜出望外。但如果旅游者在旅游之前给予本次旅游较高的期望，结果到了旅游目的地大失所望，也就是说理想和现实差距甚远，这时旅游者就会产生悲观的情绪。价格也会影响购买后失调的程度，高价购买的旅游产品往往被旅游者给予较高的期望，购买后发生严重失调的可能性比较大。购买后失调能否被修正也影响着失调的程度，如果购买后的失调能够被修正，失调的程度低，引发消极情绪的强度也就小。例如旅游者旅游的效果与事先的期望有较大差距，旅游者对此非常不满意，但是经过协调他得到了旅游企业的补偿，这种不满意的强度就会大大减小。

答疑解惑

人的消费习惯一旦形成，在短时间内很难改变，例如人们过惯了锦衣玉食的日子后，很难再适应艰苦的生活，反之则比较容易。因此说人的消费习惯形成之后有不可逆性，即易于向上调整，而难于向下调整，这种现象也印证了宋代政治家和文学家司马光的一句名言：“由俭入奢易，由奢入俭难。”

任务二　旅游者的风险知觉

案例导入

一次“免费”旅游

杨女士购买了一份保险，获赠“双人港澳游”旅游券。随后，她按照旅游券上“中国深圳国际旅游集团”的电话要求，与同伴自费从上海前往深圳，在深圳皇岗口岸找到了导游和从其他省市前来的团员，准备出关。在前往香港的大巴上，导游表示行程中安排了购物，如果不想购物，则必须交给导游600元作为“补偿”。杨女士虽然不高兴，但还是交了600元。到香港后，导游又带团进入一家珠宝店购物，杨女士不愿去，导游便粗言训斥，说不买就不要来参团，杨女士称已交过补偿费了，导游只好作罢。后来，杨女士了解到，由于一些团友没有购物，晚上的住宿房间还被断水、断电，甚至被反锁在房内。杨女士对贪图便宜参加了这个双人游很是后悔。行程结束后，杨女士向旅游部门投诉，据查所谓的“中国深圳国际旅游集团”根本就不存在。

资料来源：http://tour.rednet.cn/c/2013/03/12/2936885.htm，2017-09-21.

？问题与思考

1. 旅游者是如何掉入消费陷阱的？
2. 为了避免各种风险，旅游者需要做哪些准备？

知识探究

旅游者在旅游的过程中经常会遇到各种风险，因此他们必须采取各种措施，来消除或减轻各种风险。

一、风险知觉的种类

（一）功能性风险

功能性风险涉及旅游产品质量和服务优劣的问题。在一般情况下，旅游者购买的产品和服务不能像预期那样满意时，就存在着功能性风险。例如飞机不能按预定的时间起飞、路上车坏了、房间里的空调不能正常使用等。

（二）资金风险

资金风险是指旅游者花费了较多的金钱是否买到了物有所值的旅游产品和享受优质的服务。例如，旅游者花费了三星级酒店的价钱，是否能买到相应服务。旅游者以较高的价格购买了旅游商品，就是为了突显自己的经济实力和社会地位，在购买以后是否能起到相应的效果。

（三）安全风险

安全风险是指旅游者所购买的产品和服务是否会危及旅游者的健康和安全，是否会给旅游者带来财产的损失。旅游者在整个旅游过程常常会注意是否存在这种风险。例如，用餐是否卫生、住酒店会不会丢东西、坐飞机会不会出事、在旅游目的地是否会遇到人身伤害或抢劫。

（四）时间风险

时间风险是指旅游活动能否在预定的时间内完成。旅游者的旅游活动是一项系列活动，每一项旅游活动都是在不同的地方进行的，一站的旅游活动没有按计划完成，就会影响到下一站的旅游活动，所以旅游者希望旅游活动都能够在预定的时间内完成。

（五）不可抗力风险

不可抗力风险是指由一些不可抗拒的外力引发的风险。不可抗力所造成的旅游活动不能顺利进行，虽然不是由旅游企业服务不当造成的，但是由于活动没办法进行，还是会引发旅游者消极的情绪，旅游者会找机会发泄不满的情绪，所以旅游企业决不能因为原因不在自己，就怠慢客人。旅游者常会意识到的不可抗力风险主要表现为台风、暴雨、山体滑坡等自然灾害。

（六）心理风险

心理风险是指旅游产品和服务能否增强旅游者的幸福感和自尊心；反过来说，是否会引起旅游者的不满和失望的情绪。对于旅游企业来说，提供的旅游产品和服务是否能最大限度地满足客人的需要是十分重要的。

二、风险知觉的影响因素

风险知觉的产生受旅游者个人的特点的影响。个人的文化层次、智力水平、经济水平不同，在同一情况下不同的人会有不同的知觉水平。高风险知觉的人会把自己的选择放在一个很小的范围内，这种人为了避免错误的选择，宁可放弃一些好的选择；低风险知觉的人会把自己的选择放在一个很大的范围内，宁肯冒险做出较差的选择。另外，风险知觉会受旅游者购买产品和服务的种类的影响，例如远距离旅游产品会比近距离旅游产品的风险大一些，购买新开发的旅游产品要比成熟的旅游产品面临的风险大一些。

三、风险知觉产生的时机

旅游者对消费风险的知觉会影响到旅游决策，但是旅游者意识到的风险不等于客观存在的风险，也有可能实际风险很大，但旅游者没有察觉到，也就不会影响到他们的旅游决策。一般来讲，在以下几种情况下，旅游者会预期到风险的存在：

（一）目标不明确

旅游者旅游的目标不是很明确，只是想外出旅游，但对于到什么地方去旅游、乘坐什么交通工具、采用什么旅游方式拿不定主意，这时旅游者就会比较犹豫，总是患得患失，这说明了旅游者已经预知到一些风险的存在。

（二）缺乏经验

没有旅游经验的人面对旅游过程中出现的各种状况，会因为不知道该如何处置而拿不定主意；有经验的旅游者在进行决策时往往表现得比较自信。

（三）掌握的信息不充分

当旅游者掌握的信息不足以让旅游者做出决策时，旅游者会意识到各种风险的存在。

（四）受相关群体的影响

相关群体的意见会对旅游者的旅游决策产生重要影响，当来自于相关群体的意见和旅游者的意见一致时，会得到对方的支持，会降低旅游者的风险。如果来自相关群体的意见和旅游者的意见不一致，旅游者所接受的信息有正面的也有负面的，会让旅游者形成矛盾心理，会提升旅游者的风险知觉水平。例如，旅游者要到北京旅游，他周围的朋友告诉他北京有很多名胜古迹，非常值得一去，就会加强旅游者的信心；若周围的朋友告诉他北京交通拥挤，空气还很差，这时旅游者就会比较犹豫。

四、消除风险的措施

（一）广泛收集信息，认真比较衡量

消费者收集到的信息越多，选择决策方案的自信心越强，风险水平就会越低。在旅游决策的过程中，旅游者往往根据自己选择的标准对备选方案进行比较衡量。旅游者预知的风险越大，比较衡量所花费的时间也越长；预知的风险越小，比较衡量花费的时间也越短。

（二）寻求高价产品，购买名牌产品

在生活中人们常说“一分钱，一分货”，还是非常有道理的，优质的产品和服务必然要比劣质产品的价格高一些，所以旅游者在购买旅游产品时不能仅仅看价格，往往低价意味着降低了服务标准。当旅游者对旅游产品缺乏全面的了解时，旅游者不妨采取寻求高价购买策略，这样可以降低风险。另外一个降低消费风险的方法就是购买名牌产品，一种产品将品牌塑造成名牌，必然要花费很长的时间，投入较多财力、物力和人力，所以企业会比较注重产品的质量，会对产品的品质进行严格的控制，避免给品牌信誉带来不利影响，所以在某种程度上来讲，名牌也意味着高品质。

（三）放弃某些旅游活动

当旅游者意识到某些旅游产品的消费会给自己带来较大风险时，为了避免风险发生给自己带来的各种损失或危害，旅游者就会放弃该旅游计划。例如，旅游者到喜马拉雅山去攀登珠峰，通过天气预报得知当地会有暴风雪，旅游者就必须放弃旅游计划，否则很有可能遭遇危险。

答疑解惑

杨女士因购买保险而获得了一张免费的旅游体验券，心里非常高兴，以为这是自己意

外的收获，没想到随着旅游活动的开展，一步步掉入导游设计的陷阱，这主要是杨女士有贪小便宜的心理，再加上没有搜集相关的信息造成的。所以，旅游者在参与旅游活动之前，必须明白“天下没有免费的午餐”，免费或者超低价往往都存在消费陷阱，参与这样的旅游活动风险性很大，旅游者必须进行详细的咨询，搜集足够的信息，避免遭遇各种损失。

项目小结

消费决策是指人们为了满足自己的需要和欲望而进行的寻找、选择、购买、使用、评价的过程。旅游者的消费决策也是一个复杂的过程，容易受到很多因素的影响，具体包括个人因素、环境因素、营销因素和旅游服务因素。旅游者的决策过程具体包括问题的确认、信息搜寻、方案的比较评价、购买决策及购买后的失调几个过程。旅游者在消费的过程中经常会面临一些风险，不同的旅游者风险知觉水平不一样，为了降低风险，旅游者要广泛搜集信息，认真比较衡量；寻求高价产品，购买名牌产品；放弃某些旅游活动。

实训练习

一、选择题

1. 风险知觉的种类包括（　　）。

A. 安全风险　　B. 心理风险　　C. 资金风险　　D. 功能风险

2. 旅游者消费决策的影响因素有哪些？（　　）

A. 个人因素　　B. 家庭因素　　C. 旅游服务因素　　D. 营销因素

3. 旅游风险存在的时机有哪些？（　　）

A. 目标不明确　　B. 缺乏经验

C. 掌握的信息不充分　　D. 受相关群体的影响

二、简答题

1. 什么是旅游者的消费决策？

2. 一般来讲，旅游者的消费决策过程包括哪些内容？

3. 消除风险的方法有哪些？

三、综合业务题

案例名称	谁该为刘女士的伤负责
工作任务	2014 年 8 月 15 日，刘女士在网上团购了某市某旅行社组织的九曲溪漂流，因为是从网上团购的，所以只是到旅行社拿了漂流的门票，没有签订合同，也没有交款的收据。在漂流中因翻船发生意外事故，刘女士手臂受伤严重。受伤后住院治疗，手臂缝了 20 多针，两手指没有知觉。事故发生后旅行社垫付了一万多元医药费，但刘女士仍需要进行后期治疗和康复，因此就后续理赔问题投诉旅行社。

完成时间	15分钟
任务目标	掌握旅游决策的过程。
任务要求	1. 刘女士和旅行社各应该承担什么样的责任？ 2. 刘女士的决策存在哪些不当才使自己落入维权的困境？
研讨内容	
研讨成果	
讨论过程	
自我角色	
自我评价	
小组评价	
教师评价	

项目七 掌握旅游过程心理服务策略

问题引入

旅游业的发展，不仅需要多样化的旅游资源、现代化的交通工具、旅游饭店、科学完善的管理体系等这一系列基础、客观的条件，还需要服务人员、服务机构及其他相关管理部门提供优质的服务，才能使旅游者"高兴而来，满意而归"。那么，在具体的服务工作中应该从哪些方面入手呢？

任务导读

- 掌握旅游过程心理服务策略
  - 旅游服务心理需求与服务策略
    - 旅游者对前厅服务的心理需求与策略
    - 旅游者对客房服务的心理需求与策略
    - 旅游者对餐厅服务的心理需求与策略
    - 旅游者对购物服务的心理需求与策略
  - 不同阶段的旅游服务策略
    - 旅游者在不同阶段的心理特点
    - 不同阶段应采取的服务策略
  - 旅游投诉的处理
    - 投诉对旅游企业的影响
    - 引起旅游者投诉的原因
    - 旅游者投诉的心理需求
    - 处理投诉的心理服务对策

学习目标

知识目标：把握旅游者服务心理需求、旅游者在不同阶段的服务心理特点并掌握不同心理需求的服务策略；了解旅游投诉产生的原因并掌握处理投诉的方法。

能力目标：掌握旅游者心理需求的重要性及各个环节不同的服务策略；掌握处理投诉的技巧。

任务一　旅游服务心理需求与服务策略

案例导入

星级酒店的服务感觉真好

马先生和朋友乘坐的出租车刚停在酒店大堂门前，面带微笑的门童立刻迎上去，并躬身拉门问候："欢迎光临！"马先生和朋友走下出租车，门童提醒马先生拿好遗忘的公文包。马先生来到前厅接待处，接待员礼貌地问候并熟练地查阅预定，立即为客人填写入住登记表上的内容，同时请马先生预付押金并签名。在马先生办理入住手续时，行李员始终恭敬地站在他们的身后，为客人看护行李箱。行李员带着客人来到1803房间门口，客房服务员迅速走了上去，笑容可掬地请马先生出示房卡，服务员敲门并报"Housekeeping"。马先生很诧异地说："不是没有人吗？""这是我们的服务规范。"客服服务员打开房门后，开始介绍房间的设施与服务，行李员将行李放到行李架，看到客人将西装脱下扔在床上，便走过去将客人的西装挂在了壁柜。客房服务员和行李员询问马先生后得知马先生没有其他需要时，说"祝你们在酒店居住得愉快"后告辞退出了房间。

马先生和朋友经过一天的旅行，已经非常疲惫。他们躺在柔软的床上，听着悠扬的音乐，欣赏着舒适豪华的室内装潢，回忆着进入酒店的整个过程，马先生满意地对朋友说："这真是星级酒的服务啊！"

资料来源：孟庆杰，唐飞．前厅客房服务与管理．大连：东北财经大学出版社，2013：3.

？问题与思考

1. 案例当中的服务员在为客人提供服务的过程中，有哪些地方体现了高质量的服务？
2. 通过分析案例，你得到怎样的启示？

知识探究

前厅，是一个综合性的服务部门，在饭店的经营与管理中，作用和地位都尤为重要。它不仅提供销售饭店产品、处理客人账目、搜集整理各类经营信息、提供行李等系列服务，还调度饭店业务，起着承上启下的作用，是饭店为客人提供服务的中心，通常被称为饭店的"神经中枢"和饭店的"橱窗"。所以，前厅服务与管理的好坏程度会直接影响整个酒店的经营与管理。因此，在向旅游者提供服务时，非常有必要分析、掌握旅游者对前厅服务的心理需求，提供有针对性的服务，这是整个酒店经营与管理成功的关键因素。

一、旅游者对前厅服务的心理需求与策略

（一）旅游者对前厅服务的心理需求

1. 求尊重的心理

旅游者从出发地来到酒店，第一个接触的部门就是前厅。无论什么样的客人，心里都会怀揣一份忐忑，都希望第一眼看到的是服务人员亲切、友善的笑脸；听到的是温馨、礼貌的话语；感受到的是规范、熟练的服务。内心期望服务人员可以不论他们的社会角色和地位，理解、尊重他们的习惯、爱好、习俗与宗教信仰等。期待与渴望前厅是他们入住酒店的一个美好开始。

2. 求方便的心理

旅游者从进入酒店的那一刻，就会对酒店充满这样或那样的期待。随着酒店服务的种类、要求、范围越来越广，越来越多样化，旅游者希望入住酒店后能够足不出户就可以使自己生活上、工作上的一些需求得到解决和满足，使自己的旅行生活更加便利。

3. 求快捷的心理

旅游者经过长途跋涉后无论是身体还是心理都已经非常疲惫，在前厅办理任何手续或享受前厅提供的任何服务时，都希望在最短的时间内将事情办好，将问题解决。这样，他们就可以尽快进入房间休息，调整好状态以后，才可以尽情领略下一处的风景。

4. 求信息的心理

当旅游者来到一个陌生的城市时，对于周围所有的事情都非常陌生。为了能够有更多、更好的旅途体验，他们会迫切的向前厅服务人员询问各种问题，包括酒店内部的信息，如服务项目、种类、价格、优惠等；酒店外部的信息，如旅游景点、交通、风土人情、购物中心位置等。了解了这些，他们的内心就会有一种与这个酒店、与这座城市拉近了距离的感觉。

资料链接

金钥匙，追求极致的事业

金钥匙，是饭店的一个组织，通常设立在饭店的前厅，是向客人提供全方位的、一条龙服务的总称。只要不违反当地的道德和法律，任何事情不仅应该尽心尽力办到，还要办好，以满足客人的需求。金钥匙的目标是追求极致。追求，是一个过程，正如数学中的极限概念一样，极致也是一个始终在逼近但却永远不能穷尽的目标。因此，金钥匙不是一个简单的技能标志，而是一项勇无穷尽的事业。

万能的金钥匙已经成为世界性的知名品牌，可以毫不夸张地说，一个饭店如果拥有了金钥匙，相当于给饭店增加了一颗星，其效应是长远的。饭店的现代化市场竞争，是从初始的价格之争上升到较高的质量之争，最终要达到文化之争。而饭店的文化，则是欧洲传统文化、美国制度文化和亚洲人情文化的融合，金钥匙是最好的结合方式，也是这种结合的最好体现。

资料来源：孟庆杰，唐飞．前厅客房服务与管理．大连：东北财经大学出版社，2013：70.

（二）前厅服务策略

1. 重视第一印象

前厅服务人员是酒店一道亮丽的风景，同时也是沟通旅游者与酒店的桥梁与媒介。因此，在旅游者进入酒店前厅时，要求服务员做到以下几点：

（1）仪容仪表。

服务员要穿统一的工作服，保持整洁、干净，佩戴工号牌；按要求化淡雅的妆容，留规定的发型；精神饱满而热情，仪态落落大方，以良好的状态迎接旅游者的到来。

（2）服务语言。

要使用敬语，用职业化的语言与客人进行交流、沟通；在交流与沟通的过程中，尊重旅游者的语言习惯；给旅游者表达自己要求与愿望的时间，注重听取旅游者意见并尽量给予合理化的建议。

（3）服务态度。

对于一些反复询问拿不定主意或在行为上有不妥的客人，一定要有耐心，不可以表现出不满或厌恶的表情和情绪；对待任何一种职业、任何一种身份、任何一种国籍的旅游者，都应该做到一视同仁。在整个服务过程中，尊重各旅游者的不同，尽量满足他们的要求，让旅游者能够在前厅的美好印象中开启愉快的旅途。

2. 增设服务项目与内容

现代化的酒店在服务项目的种类上，不能仅仅只停留在满足宾客的基本需求上。随着旅游业的日趋发达，人们的生活水平越来越高，旅游已经是很多人必不可少的一种生活方式，旅游者对酒店的要求也越来越高。酒店前厅是与旅游者接触最多的部门，也是旅游者在有服务需求时第一个想到的部门。因此，前厅必须建立一整套涉及面广、内容详细、服务周到的体系，以此来满足旅游者求方便的心理。

（1）为旅游者提供全面的服务项目。

前厅为旅游者提供的服务项目应该是全面的，包括旅游者日常生活所需要的最基本的服务种类，如车船票预定、外币兑换、叫醒服务、贵重物品保管、邮寄代办、提供信息咨询等服务。

（2）提供个性化服务的种类与项目。

除了提供旅游者日常的服务项目外，还应该包含一些个性化服务的种类与项目，如酒店行业非常著名的“金钥匙”服务，只要不违反当地的法律与政策，它可以为旅游者代办任何事情：可以为旅游者将购买的大件的、贵重的物品托运到指定地点，还可以帮旅游者修坏掉的雨伞等，“金钥匙”无所不能。有了“金钥匙”服务，当旅游者在住店期间提出要求时，服务员就不应该再用“对不起，没有”或“很抱歉，我们无法办到”之类的语言拒绝旅游者了。

（3）拓展服务内容的深度和广度。

为旅游者提供服务时，不应该让其享受的服务是表面的服务，应该有更深更广的内容。如旅游者入住酒店选择客房时，不仅要提供标准间，单人间等普通房型，还要有不同配备标准的主题房，如女士专用房、无烟房等客房可供选择；在提供物品邮寄时，不仅能够帮助旅游者邮寄物品，还应该能够提供打包服务等。只有这样，前厅才能够满足客人深层次的、不同的需求，让旅游者感觉到真正的方便。

3. 提高对客服务技能

前厅开展的业务非常多，而每一位入住酒店的旅游者在前厅享受各种服务时，都希望时间短、效率高。因此，就要求服务人员必须能够熟练地掌握和运用前厅各项服务技能。

（1）具有敏锐的观察能力。

要求服务员具有敏锐的观察能力和较强的语言沟通能力，能够通过观察与交流，通过旅游者的语言、着装及其他特征，在最短的时间内，对旅游者的性格、需求做出简单的、初步的了解。

（2）能够熟练操作各项服务技能。

服务员能够对各项服务技能、软件管理系统，如客账系统、客房管理系统、行李服务、问询服务等，进行熟练地操作和使用，及时掌握客房状态，快速办理入住和结账手续，为旅游者节约等待时间，避免他们产生急躁的情绪。

（3）不断提高客房服务技能。

为了保证对客服务技能的不断提高，需要酒店在培训工作上下工夫。根据前厅各项技能的要求与标准，合理制定培训内容；利用下班、淡季的时间，由本酒店或外部聘请的培训师进行理论与实践操作的培训，培训时可以采用不同的方法，如角色扮演法、情景模拟法等方法来进行，多种培训方法的相互结合，才能更快、更好地达到培训目的；在培训一个项目结束后进行严格的考核，及时发现并解决培训存在的问题，满足员工合理的培训需求，以保证员工对技能的完全掌握。

4. 掌握酒店内外各类信息

作为一名优秀的前厅服务人员，不仅要熟悉专业的业务知识与技能操作，还要熟悉和掌握酒店内部和外部的相关信息。

（1）酒店内部信息的掌握。

对酒店内部信息的掌握，要求在员工进入酒店工作时，就将酒店内部信息列入培训计划。如酒店所处的位置、创始人、开业时间、经营理念、空间布局、餐饮产品、服务项目及收费标准等。

（2）酒店外部信息的掌握。

对酒店外部信息的掌握同样要将其列入培训计划。如机场码头与酒店的距离、酒店的方位；大型购物场所、小吃一条街、公园的具体位置；到达周边旅游景点乘坐的交通工具、路线与收费标准等。

为旅游者提供问询服务时，应该给予准确、及时的回答，同时根据他们的要求给予合理的建议或意见，使他们对酒店和城市逐渐了解，消除陌生感，相信他们会从此喜欢上这个酒店和这座城市，更会对酒店的服务赞不绝口。

前厅，是酒店经营与管理的关键部门。因此，前厅的员工在酒店整个服务人员当中的地位是举足轻重的。希望通过前厅人员提供高素质、高效率、优质的服务，为酒店赢得更多的客人，创造更大的效益。

二、旅游者对客房服务的心理需求与策略

客房，作为酒店的基础与主体设施，是旅游者在入住酒店期间逗留时间最长的地方。客户部是创造经济收入的关键部门。在旅游者旅行生活的过程中，客房不仅是能够使他们得到休息、消除疲劳的地方，更是他们社交与商务活动的主要活动场所。客房部要有针对性地做好服务工作，同时满足宾客物质和精神的需求，提高酒店形象，创造更高的经济效益。

（一）旅游者对客房服务的心理需求

1. 求安全的心理

旅游者在旅行生活的过程中，对于安全的需求应该是远远超出了体验与享受的需求。酒店应该深知，无法保障旅游者的安全，即使提供的服务再周到、完善，都是无用之谈。所有的旅游者从踏上旅途的那一刻开始，都盼望着能够高高兴兴出门、平平安安回家，不在旅行生活中发生任何的意外。因此，保证客人的安全在酒店客房管理工作中尤为重要。

2. 求舒适安静的心理

客房是旅游者进入酒店后停留时间最长的部门。他们希望一天的游玩之后，可以回到房间，不受任何打扰地躺在柔软的床上，悠闲地看着电视，得到全身心的放松。同时也希望能够在客房中进行简单的会客与交友，与来访者亲切的会面与交谈。所以，他们希望房间在装修装饰、环境、服务等方面，整体营造出舒适的氛围。

3. 求卫生的心理

卫生是客房服务质量评价最主要、最基本的标准。旅游者都希望无论是客房大型的设施设备，还是日用品或一次性用品，尤其是直接接触身体的被褥等用品一定要干净卫生。同时希望客房的服务员，甚至其他客人身体健康，不带有任何传染性疾病。

案例赏析

一枚丢失的金戒指

某饭店入住的一位女客人打电话给客房部，说她放在枕头下面的一枚金戒指不见了，要求饭店在她第二天早晨离店前把金戒指找回来，否则要求索赔。客房部接到投诉后，立即着手调查。经过分析，很可能是卫生班的人员在整理房间时粗心大意，将金戒指夹在撤走的床单中了。酒店赶紧与洗衣房联系，派人到洗衣房与那里的员工一起在撤下的床单中翻找。最后，终于大海捞针般地找到了金戒指，挽回了饭店的经济损失和声誉。

资料来源：孟庆杰，唐飞．前厅客房服务与管理．大连：东北财经大学出版社，2013：153.

本案例给我们的教训或启示是什么？

评析：饭店服务无小事。客房清洁整理工作必须严格按照操作规程进行，服务员要有良好的职业道德和高度的责任心，要尊重客人对客房的使用权。撤床单时要特别地注意，要一张一张地撤，而且要抖动一下，以免夹带客人的物品。清扫客房时，客人的一切物品

只能稍加整理，不能随意移动位置，更不能随便扔掉，极力为客人营造一个安全、舒适、干净的住宿环境。

（二）客房服务策略

1. 保证客房的安全

客房，不仅是旅游者休息的场所，也是存放行李与财物的地方。因此，作为旅游者，都希望自己在酒店住宿期间，酒店能够保证自己人身及财产安全不受任何威胁与损害。所以，为了保证安全，酒店管理工作要从以下三个方面进行。

（1）客房消防设施与防盗设施的配备。

客房消防设施的配备和客房防盗设施的配备从以下方面进行安全管理。要求客房应该配备主要的消防设施，如设于屋顶的烟感报警器、放在床头柜的“请勿在床上吸烟”的中英文标志、贴在门后的安全通道示意图、自动喷淋灭火装置等。防盗设施主要是客房门应该安装警眼、能够双锁的门锁以及安全链。无论是消防设施，还是防盗设施，各种设施的性能、作用、操作方法，酒店要对服务员进行有效的培训。同时在旅游者入住客房时，服务员应该进行必要的提醒，如请客人进入房间时看安全通道示意图、不要在床上吸烟、切记将房门锁好等。

通过服务员对入住旅游者的提醒，可以避免一些安全事故的发生。即使发生安全事故，也可以降低损失。

（2）客房防火。

火灾，是酒店头号安全问题，酒店在客房管理服务中应该制定具体的防火措施。如培训服务员正确使用灭火器及发生火灾后的应急处理；装饰材料尽可能选择不易燃材料；服务员在日常清洁整理客房卫生时，注意检查电线插头，如有问题，及时采取措施并上报有关部门；保证将烟灰缸内的烟头用水浸湿后再倒入垃圾桶；禁止客房内使用电磁炉等用具；及时清理楼层杂物；注意醉酒客人房间动态，发现异常及时上报等。通过以上手段和方法，减少火灾隐患，尽量降低火灾带来的损失。

（3）客房防盗。

酒店发生最常见的犯罪行为之一就是盗窃，客房是盗窃案件发生最多的地方。一旦发生盗窃案件，不仅会造成酒店和客人财产的损失，还会使酒店的名誉受到损害。因此，为预防盗窃案件的发生，客房部必须采取有效的方法与措施。第一，对员工加强管理，严格把握和控制员工招聘、录用过程，对员工进行职业道德教育，加强员工通道的管理与检查，严禁工作期间擅自离岗或串岗。第二，做好客房钥匙管理工作，遵守钥匙交接制度并做好交接记录，非工作原因不得私自打开客人房门，清扫房间钥匙不得让他人保管，对忘记带钥匙外出归来的客人一定要查验证件等。第三，对访客进行管理，对所有访客问明情况、查验证件并进行登记；被访者不在房间，访客提出房间等候时，需要有被访者的留言或与被访者通过电话并对其身份进行过核实，准确无误后才可让访客进入房间等候。

2. 营造舒适的氛围

营造客房舒适的环境可以从以下三个方面入手。

（1）客房环境。

客房的装修、布局应该符合酒店的经营特色，色彩、光线、温度、湿度和通风及噪声等方面，严格地按照酒店行业相关规定与标准，通过科学的技术手段进行控制。

（2）设施设备和用品质量。

客房选择设施设备用品时，第一需要考虑安全性，在保证安全的前提下，还要考虑使用者操作时候能够既简单又方便，同时注重统一性、实用性、美观性及摆放的原则和技巧等。为了使设施设备用品发挥最大的效能，酒店要制定合理的维护、维修与保养制度，任务分配到人，责任到人，严格按照制度规定开展工作。

（3）服务质量。

客房为旅游者提供的服务必须是优质、真诚、友善的服务。这就要求服务人员在为客人提供服务的过程中，注重礼节的运用、遵守酒店的职业道德、通过培训不断提高服务技能、及时清洁整理房间、不随意动客人的物品、保护住店客人的隐私。只有这样，旅游者住宿期间才会感受到真正的优质服务。

3. 保持良好的卫生

美国拉斯维加斯 MGM 大饭店的一位客房部经理曾经说过："客房是饭店的第一心脏，除非客房的装修完好、空气清新、家具一尘不染，否则你将无法让客人再次光临。"可想而知，酒店客房拥有良好的卫生是多么重要。

保持良好的卫生需从以下三个方面入手。

（1）日常的清洁整理工作。

客房服务员在接到清洁整理的任务后，要了解具体的房态，如走客房、住客房、空房或其他房态的房间，根据不同房态采取不同的程序与方法进行清洁整理；通过清洁整理工作后，保证客房卫生、用品处于一种干净整洁的状态。

（2）客房计划卫生。

客房在做好日常清洁整理工作的基础上，制定周期性的清洁整理计划，采取循环的方式，对日常清洁不到的死角或容易忽视的地方及设施设备进行彻底的清洁与保养。在计划卫生制度执行的过程中，既要保证不影响接待工作，又要保证计划卫生工作能顺利开展。

（3）进行卫生质量控制。

无论是日常的清洁整理工作，还是计划卫生工作，都需要酒店对清洁整理的质量进行有效控制。具体有效的方法包括制定客房质量检查的内容和标准；按照标准采取服务员自查、领班全面检查、管理人员抽查的逐级检查制度；同时还要通过听取、征求客人的意见的方式对质量进行控制。

三、　旅游者对餐厅服务的心理需求与策略

中国有句古语："民以食为天。"旅游者对旅游的需求概括起来为"吃、住、行、游、购、娱"。由此可见，吃，无论在任何时候、任何环境下，都是人们的首要需求。餐厅是酒店重要的经营部门，对于旅游者来说，酒店的餐厅是他们品尝各地美食、与亲朋好友联络感情的重要场所。如何能够准确地发现旅游者对餐厅服务的心理需求并及时提供有效的服务，使旅游者满意并流连忘返，给酒店创造更大的经济效益和社会效益，是我们接下来要探讨的问题。

（一）旅游者对餐饮服务的心理需求

1. 求干净卫生的心理

俗话说“病从口入。”旅游者十分注重在旅途中的饮食卫生。对餐厅的卫生要求主要是环境卫生、餐具用具卫生和食品饮料卫生。旅游者希望餐厅环境空气清新，店面清洁，门窗、物品等一尘不染；餐具用具干净没有污染；食品饮料保证新鲜，不过期，没有假冒伪劣，完全符合各项质量标准。这样，他们才能够吃得放心。

2. 求优质服务的心理

旅游者进入餐厅就餐，希望餐厅能够提供优质的服务。优质服务包括两部分内容，即设施设备条件和服务水平。在设施设备条件方面，就餐者希望餐厅根据餐厅的特点及顾客的需求进行配置，使用时不仅安全、方便而且操作简单，性能良好；在服务水平上，就餐者希望走进餐厅时服务员能够热情礼貌地问候与迎接，在服务过程中，能够始终保持高度的责任心，把客人看作自己的家人或朋友，以饱满的精神状态、娴熟的服务技能为客人提供优质的服务。

案例赏析

一份鸡蛋羹

早晨七点钟，在郑州海天大酒店的二楼餐厅里，餐厅自助早餐的服务人员准备好了一切，在各自的岗位上用微笑迎接每一位用餐的客人。随着电梯“铛”的一声，走出一位中年男子，怀里抱着一位大约一岁的男孩，服务员从他手中的钥匙看出，他是从房间到餐厅的，便微笑地做了一个请的手势，说：“先生早上好，这边请。”客人抱着孩子步入了餐厅，选择了十六号桌坐下。服务员看到客人抱着孩子便对他说：“先生，您需要点什么，我帮您送过来?”客人说他要一杯牛奶，两片烤面包和一个煎蛋。服务员很快将客人需要的食品准备好，用托盘送到客人的餐台上，然后关切地问道：“先生，如果您用餐不方便，我可以帮您看护小朋友。”客人说：“谢谢，不用了，他妈妈马上下来。”于是，服务员回到自己的工作岗位并关注着客人的一举一动。客人很快吃完早餐，在餐桌与椅子间逗孩子玩。

大约过了一刻钟，孩子的妈妈来到了餐厅，自选了一些食品到十六号桌坐下来，一边用餐一边哄孩子吃东西。可孩子什么也不吃，并且又哭又闹，这时，孩子父亲的电话刚好响了，接完电话，就把孩子放到妈妈的怀里，并对夫人说到商务中心收传真。孩子依然又哭又闹，妈妈也吃不成饭了。妈妈抱起孩子来到自助餐台前问孩子想吃什么。这时，早餐领班主动上前微笑着对这位妈妈说：“小朋友比较小，这些早餐可能他吃不惯，我给他做个鸡蛋羹吃吧。”

领班来到厨房找了一个小碗，打了个鸡蛋，加了点盐、香油，放在笼屉里蒸，几分钟后，鸡蛋羹做好了。领班把鸡蛋羹放在托盘上，拿了一把小勺、一杯牛奶，端着送到客人面前。孩子大约吃了二分之一，又喝了一点牛奶，不哭不闹，趴在妈妈的肩头睡着了。

在他们离开餐厅的那时候，对餐厅热情的服务表示了感谢。

资料来源：徐宝良．酒店服务管理细节．北京：中国宇航出版社，2008：78.

酒店服务员提供服务时，服务的对象是儿童或一些特殊人群，该如何去做?

评析：有时，酒店服务的客人是儿童，但由于酒店的一线员工年龄相对较小，对待孩子的哭闹、任性，会产生一种畏惧心理，一些服务员还会采取避让的态度，这是不对的。因为这样会使我们的客人——儿童不满意，其家长又怎会满意呢？因此，作为一名优秀的服务人员，应具备渊博的知识和各种技能、技巧，如接待聋哑人、残疾人、小朋友等一些特殊人群的时候，要有一定的对策和方法。如本案例中遇到的这种情况，就要求服务员在日常的工作中观察、总结、分析，可以通过培训老师的专题培训来了解，也可以从家庭长辈或其他途径获得相关知识，这样，服务员就会在服务中游刃有余，让每一位客人都满意。

3. 求特色的心理

中国的饮食文化源远流长，所有的旅游者都希望到达目的地后，可以尝遍当地所有美食。因此，每到达一个地方，就会迫不及待地去了解当地的饮食文化，品尝当地的特色美食。他们不仅是为了满足生理需求，更希望在吃的过程中了解每一道菜的做法、历史典故，为旅途增添快乐的同时，也为以后留下美好的回忆。

4. 求价格合理的心理

旅游者进入餐厅就餐，对每一种食品的原料及成品的价格都有一个大概的估计与预期的底线，这一心理反应来源于自己平日的生活与在其他餐厅就餐的经验。他们希望餐厅能够明码标价、价格公道，如果实际的菜品与服务的价格大大超出了自己的估计和预期的底线，甚至已经远远超出了同等餐厅的价格，就会让旅游者感觉自己吃亏了，甚至有被欺骗的感觉，客人就会对酒店产生不满、抱怨情绪或发生投诉事件。

资料链接

餐厅服务中遇到醉酒的客人应该如何处理

服务员在为客人提供服务的过程中，有时会遇到客人醉酒，发生一些不愉快的事情，这时，如果处理不好，就会给酒店及客人带来不必要的损失。因为客人醉酒，意识已经不是很清晰，作为餐厅服务人员一定不能出现烦躁、不耐烦的表现，要控制自己的情绪。要对客人“好言相劝”，给他送上一些解酒茶或水果，将他带到安静的地方，这样，不仅可以让他得到休息，达到醒酒的目的，同时也不影响其他就餐的客人及服务工作，实在不行可求助于他同行人的帮助等。假如很多方法都不起作用，餐厅有必要请保安出面制止。如果涉及财产甚至人身伤害，就要打电话报警，寻求警察的帮助。

（二）餐饮服务策略

1. 严把产品卫生质量关

卫生是餐饮餐品质量最重要的基础要素，餐厅在为宾客提供产品时，在以下几个方面开展工作。

（1）餐厅环境的要求。

在环境方面，餐厅一定严格按照酒店质量标准的要求进行环境卫生清洁与控制，厨房的各个区域要有明确的划分，加工与操作环节要达到食品卫生的要求。

（2）餐具用具的要求。

保证餐具用具产品质量，定期进行消毒与更新，做到既符合餐厅经营需要，又能够满足客人对餐具用具的使用要求。

（3）对食品饮料的要求。

保证食品饮料原材料正规的进货渠道，没有污染、腐烂及变质等情况的发生，一旦发现杜绝使用；菜品的整个生产过程干净卫生，按照要求与程序严格进行操作。

2. 努力提供优质服务

（1）设施设备质量。

餐厅要对设施设备进行科学的管理，使设施设备达到性能良好、运行正常、能耗正常的优良状态。具体来说，可以从以下几个方面入手：第一是制定完善的与设施设备性能相匹配的保养制度，并且进行严格的监督检查，通过培训操作人员，使他们合理使用设施设备；第二是制订维修计划，在设施设备发生故障时，有专业的人员维修使之尽快进入正常的工作状态；第三是设施设备的更新与改造，餐厅通过进行可行性分析，定期对性能下降、结构老化、不能正常使用的设施设备进行更新改造。

（2）服务员服务质量。

餐厅的服务员应该举止优雅，仪表整洁，落落大方，向来餐厅用餐的旅游者展现出良好的素质与形象。经常利用闲暇时间参加各种技能的培训，练就一身好“本领”，在提供服务的过程中，尽量做到实际操作中不出现任何差错。

（3）服务理念。

服务员应该把客人看作自己的家人，真正做到仔细、主动、耐心和周到，让客人感觉到餐厅“宾客至上，服务第一”的优良品质。

3. 提供特色佳肴

（1）满足旅游者口味的要求。

餐厅在提供餐饮产品时，要提供当地特色菜肴及一些其他地方风味，这样，不仅让就餐的旅游者可以尝到当地特色美食，也可以吃到他们本地的地方风味，以此缓解他们对家乡的思念之情。作为服务员，还要了解、掌握一些主要客源国客人的生活习惯，饮食爱好与特点，点菜的时候，可以根据不同地域向旅游者推荐不同的菜肴，在旅游者就餐时，服务员可以将菜品的做法、典故介绍给客人，增加旅游者就餐的乐趣。

（2）满足旅游者的审美要求。

餐厅在提供餐饮产品时，菜肴必须能够满足宾客的审美要求。餐饮产品应该从色、香、味、形、名、器皿各个方面，给人以视觉、嗅觉、味觉及听觉上愉悦的享受。同时还要给菜肴赋予寓意深厚的名字，不仅可以体现菜肴的原料、制作方法，还可以体现当地的文化特色以及菜品包含的美好期望与愿景。

（3）满足宾客保健的要求。

随着人们保健意识的不断提高，旅游者在用餐时，除了要求菜品色香味俱全，更注重菜肴的营养与搭配。因此，餐厅应该尽量多提供无公害的绿色食品，采用合理的烹调方法，保留菜品足够的营养成分；使用科学的搭配方法，提高菜品的营养价值，使餐饮产品同时具有保健养生的功效。

4. 制定公平合理的价格

任何一位消费者在购买产品时，都希望商家在价格方面要做到公平合理。餐饮产品较其他产品具有一定的特殊性，但终归是商品，是商品就一定要遵守商品价格公平合理的基本准则。

（1）服从国家政策与法规。

餐饮产品价格的制定必须要服从国家政策与法规，接受物价部门指导与监督，根据国家物价政策及对餐饮产品价格制定的相关条例，在规定的范围内制定出适合餐厅经营的价格。

（2）价格要科学合理。

价格要能够反映出酒店的档次，档次高的餐厅，因为经营的费用比较大，定价自然要高一些，因为这一类型的餐厅，不仅给宾客提供优质的菜品，还提供舒适感与美的享受。酒店要根据不同的季节，制定出淡季与旺季价格，做到灵活销售餐饮服务产品。餐厅一定要按照事先制定好的价格进行经营活动，杜绝随意改变价格，如确实需要改变价格，要给予就餐者合理的解释，不要因为贪图小利而丧失顾客对餐厅的信任。

餐厅，与客房、前厅相比较而言，无论从员工的管理、食品原料的采购还是服务过程的监督与控制等，都是一个较为复杂的部门。只有做到真正的“急顾客之所急，想顾客之所想”，酒店的餐厅才会门庭若市，才会在激烈的竞争中处于领先与不败之地。

四、旅游者对购物服务的心理需求与策略

购物是旅游服务体系中非常重要的组成部分，购买当地的旅游商品赠送亲朋好友，是礼仪文化的具体表现，也是旅游者在旅游活动即将结束时要做的事情。因此，几乎所有的旅游地区，包括景点、酒店都设立了旅游纪念品销售部，以此来满足游客的需求。

（一）旅游者对购物服务的心理需求

1. 求纪念意义的心理

大多数的旅游者在旅游活动即将结束时，都会进行旅游购物，以此来作为本次旅游活动的纪念，日后看到所购买的纪念品时，可以再一次重温曾经难忘的旅游经历。同时，也会将纪念品赠予亲朋好友，在沟通联络感情的同时，将美好的经历与亲朋好友共同分享。

2. 求新的心理

旅游者在旅行的过程中，在选择和购买商品时，无论是吃的、用的，还是观赏性的商品，如果没有足够亮点，一定不会吸引旅游者的眼球，更无法激起他们的购买欲望。然而当他们发现或看到一件物品的包装、外观、款式、造型、颜色、装饰等比较奇异、新颖或时尚时，会表现出喜欢和惊喜的状态，产生强烈的购买欲望，此时的大多数旅游者都不会太注重物品的价格，购买成功后会有一种如获珍宝的感觉。

3. 求良好服务态度的心理

对于旅游者来说，进入商店能否购买到一件自己喜欢的商品，会受到很多因素的影响。服务人员的服务态度一定会对旅游者的购物心理造成很大的影响，这一点毋庸置疑。如果旅游者遇到的是一个拥有良好服务态度的服务人员，旅游者心情就会愉悦，愿意主动

进行交流。在交流过程中，通过服务人员耐心的商品讲解，他们了解的不仅是商品的特点、功能，更是当地的文化与特色，旅游者会慢慢增加对商品的兴趣，最终实施购买行为。反之，旅游者即使非常想购买商品，但是因为服务人员的服务态度差，旅游者也会打消购买念头。

案例赏析

多为客人想一想

几位游客到杭州西湖春酒店的商场购物，他们径直走到了茶叶专柜前，看了看标价便议论到："这儿的东西有点贵，我们还是到外面买吧！"这时，服务员小姐走上前，关切地说："先生们去外面买茶叶一定要去大型商场，因为市场上以次充好的茶叶很多，一般是很难辨别的。"客人立即止步问道："哪家商场的比较好？"服务小姐告诉他们茶叶等级的区分，如何用看、闻、尝等几种鉴别方法区分茶叶好坏，又介绍了本商场特级龙井的特点，价格虽略高于市场，但对游客来说，买得称心、放心才是最重要的，几位游客听了服务小姐的介绍，都爽快地买了几盒茶叶。

资料来源：贾静．旅游心理学．郑州：郑州大学出版社，2014：218.

请说明案例中服务小姐的做法反映出怎样的问题。

评析：案例中，商场的服务小姐面对游客不购买自己商店的商品，并没有对他们不屑一顾，也并未一味地宣传本商场商品的优势，而是从游客的角度出发，根据游客购物的心理特点，运用自己的服务技能，中肯地对他们选购的商品提出建议，以取得游客心理上的认同和信任，让他们自然地做出购物行为。这说明从游客心理需要出发的服务，才是最有效的服务。

（二）购物服务策略

1. 确定商品设计的理念

在打造、开发旅游商品时，将当地的文化、民俗风情等特点作为商品设计的理念，把一些重要的元素融入商品制作当中，通过商品外观、颜色、造型等方面将其体现出来。商品不仅要具有当地的特色，更要能够让旅游者日后再一次看到商品时，能够想起旅行生活的愉快经历，如同身临其境。

2. 对现有旅游商品进行开发

陈旧老套的旅游商品不会激发旅游者的购买欲望，这就要求旅游商品的加工企业要注意到旅游者需求上的变化，根据其需求设计开发旅游商品。现在旅游者对旅游商品的要求越来越高，不仅要求商品的种类要丰富，款式要独特，要能够充分地反应当地的特色文化，还要有多个档次，甚至有些旅游者还希望将自己的一些信息能够与旅游商品结合起来。例如在商品上刻上自己的名字，或将照片印上去等，不管是自己保留，还是赠予亲朋好友，都更加体现商品的纪念意义。

3. 保持良好的服务态度

俗话说"微笑才能招客，和气才能生财"。作为购物服务人员，要想招揽更多的顾客，良好的服务态度是关键。

（1）保持良好形象。

购物服务人员要时刻注意保持自己的良好形象，注意言谈举止，以真诚的微笑、亲切的话语与客人打招呼；运用简单、明了的语言向游客推荐、介绍商品。

（2）要有耐心。

在购物服务人员帮助旅游者挑选商品时，不论客人多么麻烦，都不能显示出不耐烦的情绪，还要热情地为游客进行全面、周到的讲解，同时为其提供好的建议。

（3）观察旅游者心理。

旅游者由于受到很多因素的影响，在购物的过程中，心理和行为既具有一定的共性，也有其特殊性。在提供服务的过程中，采用“把握共性，照顾特殊”的服务方式，才能使旅游者满意并使服务工作获得高度的评价，取得销售工作的成功。

答疑解惑

1. 门童的服务主动、热情；接待员提供的入住登记手续迅速、准确；行李员、客房服务员服务规范；同时体现出这个酒店服务员高度的责任心、热情礼貌的服务态度以及个性化的服务。

2. 前厅员工是饭店最先迎接客人、最先问候客人、最先向客人提供服务的群体，他们主动、热情、周到、细致的服务会给客人留下美好而深刻的印象。因此，前厅部的管理与服务水平会折射出整个酒店的服务与管理状态，还会直接影响整个饭店的经营效果和服务形象。

任务二　不同阶段的旅游服务策略

案例导入

幽默的魅力

一天，北京的导游员边先生带一个外国旅游团去浏览八达岭长城。边先生是具有幽默感的导游，在导游讲解会回答问题时经常使用一些幽默的语言，引得大家阵阵发笑，因此，他与大家的关系很融洽。当有人问及路旁一个陌生建筑的设计师时，他说：“小时候我会说是当工程师的父亲设计的，现在我却绝不能说是秦始皇设计的，最好问一下修建它的建筑公司就知道了。”当有人请他唱歌时，他说：“上次我为一个旅游团唱了一首歌，发现一位游客激动地直流泪，一问才知道他是一位音乐评论家，因此我今天唱歌时，不希望有音乐评论家在场。”当有人问道北京的人口时，他很认真地说：“北京现有人口一千一百万，不，更确切地说，是一千一百万零二十一人。”当时，一些反应快的人笑了起来。他接着讲：“因为大家的到来，增加了北京的人口，正因为北京人好客，我们的人口才会如此之多。”随之而来的又是一片笑声。游客们的笑声活跃了车内的气氛，也拉近了与边先生的感情距离。

从长城回来的路上遇到了交通堵塞，为了给困乏的游客增加乐趣，边先生说：“前面的司机和交警可能在开会研究交通问题，时间很长，因此我给大家讲个故事解闷，希望大家热烈鼓掌，这样即使是故事不好听，掌声也能把瞌睡的人叫醒。”他的话音刚落，大家又笑了起来。

资料来源：程新造．导游接待案例选析．北京：旅游教育出版社，2004：165.

? 问题与思考

1. 导游服务人员应该具备怎样的基本素质？
2. 这样的服务人员对旅游接待工作起到怎样的作用？

知识探究

旅游者离开自己熟悉的生活环境，前往异地他乡进行旅游活动，所有人都希望拥有一段安全、轻松、舒适而美好的旅程。然而，旅游者一旦离开自己曾经熟悉的环境，无论是心理还是生理都会发生巨大的变化。因此，作为旅游服务人员非常有必要掌握旅游者在整个旅游活动中各个环节的心理特点，这样才能正确了解需求，为他们提供满意的服务，帮助他们实现美好旅行的愿望。

一、旅游者在不同阶段的心理特点

（一）旅游者在旅游初期阶段的心理特点

初期阶段，旅游者心理特点包括以下两点：

1. 求安全的心理表现强烈

旅游者初来异地时表现得很兴奋和好奇，但随之而来的就是初来乍到的陌生感，对环境的不熟悉，对风俗习惯的不熟悉等，暂时不知如何适应新的环境，如何与旅行团其他旅游者和导游相处，甚至会产生恐惧的心理。因此，非常迫切地希望在未来一段时间的旅行生活中人身及财产安全，不要出现任何的意外情况，这样才能更好地享受旅游带来的美好体验。

2. 对服务态度充满期待

旅游者离开自己日常生活、工作的地方，去一个陌生的环境开始一段短暂的旅行生活。他们希望为自己提供服务的导游人员是热情、开朗、体贴的，能够在尽量短的时间帮助自己尽快消除陌生感，融入到一个全新的环境中去，开始自己的美好旅途。

（二）旅游者在旅游中期阶段的心理特点

这一阶段的旅游者由于与其他旅游者、导游服务人员渐渐熟悉，无论从心理还是生理上，已经接受或习惯了现在的生活状态。但也正是这种陌生感的消退，有些客人开始比较懒散，不满意或不遵守旅游行程的安排。具体表现在以下几个方面：

1. 希望旅行生活轻松、舒适

旅游者希望在旅游的过程中，得到真正的身心放松，收获精神的愉悦。因此，为旅游者创造轻松、舒适的氛围与环境，是导游人员在工作中必须要努力做到的。

2. 期待旅行生活拥有非凡的体验

旅游者从做出旅游计划到到达旅游目的地的这段时间，对旅行生活中的任何事物都充满了美好的期待与无限的遐想。他们希望通过旅行生活可以学习知识、增长见识，可以探索到自己从未见过或从未听过的新奇事物，在整个旅行生活中，时刻充满新鲜与刺激。

3. 希望服务细致，处理问题得当

旅游者在旅游的过程中都会有不同的心理需求，希望导游服务人员及旅游服务企业能够根据旅游者不同的心理需求，提供及时、优质的服务，满足各自不同的需求。在一些问题与矛盾出现时，可以得到妥善的处理，维护每一个旅游者的权益。

（三）旅游者在旅游后期阶段的心理特点

这个阶段，虽然游客的游览观光活动已经结束，但是旅行生活没有结束，也就意味着服务还没有结束。最后的送客工作尤为重要，如果做得不到位，会使之前所有的努力与服务功亏一篑。这一阶段的旅游者会呈现出以下心理表现：

1. 对旅行生活恋恋不舍

旅游者即将结束此次旅行生活，回到自己生活和学习的地方，告别愉快的旅程，大多数旅游者觉得美好的旅程就要结束，心里会有一些不舍与沮丧，还有与服务人员、关系相处得好的其他游客即将分别，心里会恋恋不舍，产生一种依恋之情。

2. 心情兴奋与紧张

由于在整个旅行生活中，旅游者不仅放松了心情，而且增长了知识、丰富了自己的生活与人生，同时又想到即将结束旅程，回去要见到分别已久的亲朋好友，和他们分享旅游生活的经历与体验，会感到异常兴奋。但是，由于旅游生活即将结束，又会出现紧张、慌乱的心情，认为时间过得太快，需要购买的特产、准备送给亲朋好友的纪念品还没有来得及购买；担心自己的行李太多，打包以及托运会出现问题等，内心迫切希望得到导游服务人员的帮助。

3. 希望返程顺利

旅游者经过愉快的旅行生活，在即将结束的时候，都希望导游人员能够准确、周到地为他们安排好返程的一切具体事宜，比如集合时间的安排、行李的统一装车、交通工具的乘坐等，以确保他们顺利、平安地回到自己的家乡。

资料链接

肢体语言的含义

肩部姿势：

舒展，说明有决心和责任感；

耷拉，说明心情沉重，感到压抑；

收缩，说明在火头上；

耸起，说明处在惊恐之中。

一个人如果跷二郎腿，两手交叉在胸前，收缩肩膀，则说明他已经感到疲倦，如开会开腻了或对眼前的事情不再感兴趣。

如果一个人坐在你的对面，翘起的腿呈一个角度，则说明这个人很固执，性格刚强且好斗。如果他还双手抱膝，则说明谈话结果很难预料，因为这个人不会让步，口齿伶俐，反应快，很难说服他。

如果一个人叉腿站着，说明他不自信，紧张而不自然。人们在陌生的场合多半会这么站。

如果一个人收紧脚踝站着，说明他要发火，在千方百计地控制自己。

手部动作：

手指叉在一起手掌朝上说明精力充沛、果断和有几分优越感。教师给学生提问问题时，一般都是这个手势，或者说明他对这道题胸有成竹，而对你多少有一些怀疑，但是你如果能举出有力的证据，他还是可以继续听下去的。

在耳朵部位挠痒痒或轻揉耳朵，说明对方已不再想听你说下去。

用手指轻轻触摸脖子，说明对方对你说的保持怀疑或不同意态度。

把手放在脑袋后边，说明对方有意争辩。

用手挡住嘴或稍稍触及嘴唇或鼻子，说明对方隐藏内心的真实想法。

资料来源：陈楠，王茹，吴辉球．旅游心理学．北京：北京理工大学出版社，2011：127.

二、不同阶段应采取的服务策略

（一）旅游初期阶段的服务策略

“好的开始是成功的一半。”在旅行过程中，初期阶段是导游服务人员及旅游服务企业树立良好形象的开始。作为导游和旅游服务企业，应该为旅游者提供及时、主动、热情、周到的服务，为以后的接待工作打下坚实的基础。

1. 提前做好接待工作

导游服务人员在接到任务时，提前制定好合理的接待方案，包括接站时间、住宿、餐饮的安排、乘坐交通旅游线路的安排，突发事件的处理及应急预案等，都要有具体、细致的说明。并且根据客人身份、年龄、国籍等信息对不同旅游者的心理特点做出简单的了解与判断，对一些特殊情况提前做好安排工作。

2. 给旅游者留下良好的第一印象

导游服务人员给旅游者留下的第一印象，往往会影响旅游者对以后旅游生活中一些问题的看法与判断。美好的第一印象是导游服务人员与旅游者拉近距离、创造和谐关系的第一步，同时也为以后服务工作的顺利开展奠定良好的基础。因此，导游服务人员在去机场、车站、码头迎接旅游者的时候，必须注意自己的形象、外表及服务态度。

3. 提供高质量的服务

提供高质量的服务，首先，旅行社要制订周密的招聘计划，严格按照计划进行导游服务人员的招聘与录用程序，同时从理论知识与技能知识两方面进行系统的培训。其次，经过考核，将具备良好职业道德与服务意识、良好的沟通与处理问题的能力、能够正确认识导游服务工作的内涵、熟悉掌握服务工作具体程序与内容的导游服务人员，纳入为旅游者提供服务的团队中。最后，采用科学的质量控制方法与手段监督服务工作，及时发现问题及时解决，不断提高服务质量，保证旅游者能够享受到高质量的服务结果。

（二）旅游中期阶段的服务策略

这一阶段是整个服务工作的重要环节。导游服务人员只有了解旅游者中期阶段的心理需求并为之提供有针对性的服务，才能保证每一位旅游者都享受到旅游生活给他们带去的美好感受。

1. 创造轻松、舒适的生活与游览氛围

导游人员要处理好自己与旅游者之间的关系，同时为旅游者之间建立和谐的关系创造良好的环境与机会。在生活与游览过程中，导游服务人员要尽量合理安排一切活动。就餐提供的菜品要注重菜品丰富、口味适合；住宿要干净舒适、保证旅游者得到充分的休息；游览景点时间不能安排太紧，给旅游者留出足够的自由参观时间；不强迫购买物品等。让旅游者既不感到疲惫、紧张，在心情放松的同时，还能够达到旅游的目的。

2. 注重旅游者的感受与体验

合理安排旅游项目，激发游客兴趣。在游览景点的过程中，不仅要尽量安排具有当地代表性、文化特色的景点供游客参观，还要多安排一些可以让旅游者共同参与的活动，让他们亲身感受不同文化与民俗带去的不同感受。在介绍景点的时候，导游员要通过富有感染力的语言、生动翔实的介绍，激发旅游者的游览兴趣，从而满足他们求知识、增长见识、猎取新鲜事物的心理需求。

3. 服务要有针对性、处理问题要得当

旅游者由于国家、地域、年龄等方面的差异，会对服务的要求截然不同。因此，在为旅游者提供服务的过程中，主动关心客人，了解客人的需求并积极提供帮助，进行沟通，注重征询他们的意见或建议。对于一些挑剔、苛刻的旅游者，既要不卑不亢，又要有耐心。

（三）旅游后期阶段的服务策略

俗话说：“做事要有始有终。”虽然旅游者的旅行生活即将结束，但是，还需要导游服务人员做好送别工作，使旅游者感受到有始有终的服务，留下最后的良好印象。

1. 组织活动，帮助旅游者留住美好的记忆

美好的旅行生活即将结束，旅游者感觉意犹未尽，同时经过短暂的相处后，旅游者之间、与导游之间已经产生了一定的感情。为了将愉快的经历更好地保存，导游服务人员要为旅游者创造交流与沟通的机会和平台，让旅游者之间相互沟通，交流旅游生活中的所见所闻与感受，重温旅游生活的美好时刻，并互留联系方式，方便日后联系。

2. 帮助旅游者消除紧张的情绪

在即将结束旅游生活的时候，导游人员要留出一定的时间，供旅游者购买当地特产或纪念品，同时还要主动提供一些具体的购物信息，比如有著名的特产、便宜又实惠的大型购物商场、合理的参考价格、乘坐交通工具及路线等。在即将启程的前夕，主动帮助旅游者打包行李，完成一些还未完成的具体事宜。以此，帮助旅游者放松心情，消除紧张的情绪。

3. 做好送客服务工作

导游要提前将具体返程的时间及要求告知旅游者，让他们做好返程的准备工作。再次确定送站车辆是否能够准时到达，交通工具是否能够准时运行，旅游者是否已经将所有事情办完等。以热情的服务，将旅游者送到车站、码头，帮助办理手续，托运行李，表示不舍之情并友好道别。

旅游者的心情会随着时间、地点的转移及事态的发展而发生相应的变化，对服务的需求也会呈现出阶段性需求，掌握旅游者阶段性心理需求，为以后的服务工作奠定良好的基础。

答疑解惑

1. 导游服务人员应该具备的基本素质包括：热情友好、安岗敬业；态度乐观、不惧困难；意志坚定、处事果断；待人诚恳、讲求信誉；文明礼貌、举止端庄；顾全大局、团结协作；身体健康、性格开朗；遵纪守法、依法办事；勤奋好学、不断进取。

2. 导游员在导游过程中运用适合的语言和游客进行情感沟通，其中，幽默的语言具有独特的魅力。幽默产生于机敏的思维和平时的积累，运用得当可以引起欢快的笑声，减少游客对你的陌生感，创造出轻松友好的气氛，给游客留下愉快、美好的记忆，这远比呆板平淡的叙述好得多。这样，能够使自己的导游工作获得更好、更高的评价，也会给旅行社带来更多的经济和社会效益。

任务三 旅游投诉的处理

案例导入

李女士购买的玉佛

李女士参加某旅行社组织的旅行团到某佛教圣地旅游。在旅游商品购物点，服务人员向李女士推荐“开光”玉佛饰物，并宣称开过光的玉佛可以消病免灾，保佑人平安健康。李女士近期遇到很多不顺心的事，此次旅游就是为了散心，听到服务人员的介绍后，不免动心，于是花了五百元买下一个玉佛项坠。回家以后，李女士并未感到“开光”玉佛的灵验，随即到居住城市的寺庙“鉴定”，原来此玉佛并未开过光，而且玉佛的价格也比市场高出许多。李女士顿感上当受骗，见人就说旅行社和景区坑蒙游客，发誓再也不参加该旅行社的旅行团了，而且奉劝亲朋好友不要去该景区。随即又向旅游质量监督管理部门进行投诉，投诉称自己是在旅行社的导游组织游览期间购买了“质价不符”的商品，旅行有不可推卸的责任，应承担她一部分经济损失费。

资料来源：闫红霞．旅游心理学．武汉：华中科技大学出版社，2010：293.

？问题与思考

1. 旅行社在这起事件中应该承担李女士的经济损失吗？
2. 该景区商品购物点的服务人员做法是否妥当？

知识探究

旅游者在旅游过程中，会因为旅游活动项目、内容或其他方面的安排不合理，服务人员服务态度差，进行投诉。在旅游者的投诉中，有些是因为旅游者主观方面的原因造成的，有些是服务人员或者旅游服务企业提供的服务确实存在质量问题而引起的。无论是哪种投诉，都需要双方积极地进行沟通，切实维护旅游者的合法权益，提高服务人员及旅游服务企业的服务水平。

一、投诉对旅游企业的影响

（一）投诉为游客与旅游企业的沟通创造了机会

哈佛大学的一位教授李维特曾经这样说过：“与顾客之间的关系走下坡路的一个信号就是顾客不抱怨了。”通过这句话，我们不难看出，旅游者肯花自己的时间来进行投诉，实际就是为服务人员及相关服务企业创造了与之沟通的机会，说明他们对产生投诉的问题还抱有一定的信心，相信通过投诉可以得到改善。由此可见，那些投诉的旅游者极有可能是我们的忠诚顾客，一定要保持一种积极、欢迎的态度看待投诉。

（二）投诉可以避免旅游者的流失

绝大多数的旅游者不满意时会通过各种方法和途径进行宣泄；或者告诫自己以后不再购买同样的服务或产品；有的是与自己的亲朋好友诉说遭遇，或向新闻媒体进行投诉，甚至用法律的武器来维护自己的合法权益。这就意味着无论是酒店、旅行社，还是其他旅游服务企业，若连一次向客人道歉的机会和提高服务的机会都没有了，将会永远地失去这位客。因此，不管旅游者在哪个环节进行投诉，都要对投诉进行当时当地的解决，才会给服务人员及服务企业及时挽回声誉和形象的机会。不管旅游者投诉的动机、内容是什么，投诉都是及时补救、留住客人、维护声誉的最佳时机。

（三）投诉可以提升服务质量

旅游者投诉时，虽然不满意，但还是抱有一定的期望，愿意相信日后的服务与管理一定能够得到改善与提高。旅游者投诉涉及的范围非常广泛、内容非常多，很可能隐藏着容易忽视却又很有价值的信息资源。因此，投诉可以使旅游企业尽快发现目前存在的问题、找出问题的原因、在哪些方面有待于进一步提高等。这样，就可以根据具体情况采取相应的措施进行改善，提高服务质量。

资料链接

抱怨是金

在服务行业中，27个不满意的顾客中有26个不会提出抱怨。不满意的顾客平均会向8～10个人倾诉他们的遭遇，而每5个不满意的顾客中，就有1个对20个人诉说过。

要是顾客觉得企业成功处理了他的抱怨，那他就会告诉5个人，但如果企业的服务一开始就很好，顾客只会对3个人说。

在某宾馆中，如果一个顾客的投诉获得圆满的解决，他就有92%的可能性会再次光临。如果他的投诉没有得到解决，顾客再来订房的可能性不到50%。

顾客流失率降低5%，就相当于利润提高25%～85%。

资料来源：珍妮尔巴诺，等．抱怨是金．熊莉，译．成都：西南财经大学出版社，2001：118.

二、引起旅游者投诉的原因

（一）旅游者个人认知的差异

旅游者来自四面八方，每个人的年龄、身份、职业、兴趣、爱好、文化程度等都存在很多的差异。在享受旅游服务的过程中，由于会受到以上任何一种因素的影响，对所提供的服务会有不同的看法、感受和体验，当旅游者所感受到的服务和心理预期存在较大偏差时，就有可能引发投诉。

（二）旅游服务质量存在问题

旅游服务质量存在问题，主要包括两个方面的内容。

1. 服务人员服务质量出现的问题

在服务过程中，服务员语言粗鲁，与其他服务员聊天或打电话，对客人的服务要求视若无睹；不尊重客人的饮食习惯，推荐不合适的菜品；随意翻动客人的物品，搬运行李时乱投乱放；导游员偷懒，没有为客人按规定介绍景点，不陪游客游览景点，在车上睡觉；为客人提供技能服务时，达不到客人的要求；入住酒店环境和卫生没有达到约定标准等。

2. 设施设备出现的质量问题

旅游者入住酒店的照明、空调、供水供暖以及电梯等设备出现问题无法正常运转，影响到游客的生活；旅游途中的汽车出现抛锚，无法正常行驶等，影响了旅游活动的正常进行；景点游玩设备出现意外事故，造成旅游者心理恐慌，或者造成财产或人身伤害等。

三、旅游者投诉的心理需求

（一）求平衡的心理

任何一位旅游者，在旅游的过程中遭受到不公平的待遇，都会感到心里不平衡，认为自己受到了不公正的待遇，会找到相关部门利用投诉的方式把心里的不满与怨气发泄出来，以求得心理上的平衡。这是人寻求心理平衡的一种正常方式。因为他们认为，花钱就是为了寻求难忘而美好的体验与经历，如果花了钱得到的是不公平、不愉快，那么这种强烈的反差就会促使他们通过投诉来找回自己的合法权益。

（二）求尊重的心理

旅游者在整个旅行生活的过程中，求尊重的心理需求十分明显。旅游者意识到自己没有被尊重，就希望通过投诉得到其他人的同情与尊重。在投诉之后，希望相关部门能够正确看待、重视他的投诉，采纳他提出的意见或建议，向他表示歉意，同时积极、快速地采取相应的措施解决投诉，并尽快给予明确的答复。

（三）求补偿的心理

服务人员或旅游企业提供的服务确实存在问题而引起旅游者的投诉，旅游者希望在某些方面得到一定的补偿，以此来缓解自己自己内心不满的情绪。这是一种很普遍也是很正常的心理需求。比如饭菜质量有问题，希望退换；景点安排不合理，希望重新调整等。但是，值得注意的是，在对旅游者进行了物质补偿以后，还要注重对旅游者心理和精神的补偿，尽快消除他们心中的不满，挽回服务人员以及旅游服务企业的形象。

（四）自我表现的心理

在投诉的旅游者中，有一部分旅游者对所购买的产品或服务质量已经很满意，但是还要发表一些意见，他们真正的目的是通过投诉，表现自己见多识广、知识渊博、对某些事物有独特的理解和见解，希望能够得到别人的称赞、认可，由此产生敬佩的感情，体现自己与众不同与价值。

四、处理投诉的心理服务对策

（一）仔细聆听，表示同情

旅游者在投诉的过程中，首先要求解决投诉的相关人员要保持冷静，仔细聆听。旅游者在投诉时，心中会充满怒气，为了使客人情绪不再“升温”，不要随意打断他或者进行急切的辩解，那样会让投诉者感觉到对他的投诉不重视，会更加激怒客人的不满情绪。其次要表示同情。处理投诉的相关人员应该设身处地地从投诉者的角度分析问题，对客人的心情和遭遇表示理解、同情。例如可以通过适当的语言给予安慰，比如“对不起，发生这样的事情，我们感到很抱歉”等，通过语言的安慰，拉近彼此间的距离，得到他们的信任。

（二）真诚道歉，主动关心

在遭遇客人的投诉以后，不管投诉的原因是什么，是客人的误解，还是服务本身存在质量问题，都要真诚地向客人道歉，这样既表现了服务人员或旅游企业解决问题的诚意，使客人感觉到他们对投诉的重视，也可以降低客人的不满情绪，有利于下一步解决问题。

（三）认真记录，核实情况

在处理旅游者的投诉过程中，要认真地进行记录。投诉的过程中客人所讲的未必是事实，要根据记录的情况对问题进行核实，查明投诉发生的真正原因，既不能让客人得不到公平的待遇，也不能让服务人员或旅游企业遭受不白之冤。

（四）采取行动，解决问题

在查明原因以后，要尽快地解决问题，如果不是服务人员或旅游企业的原因导致问题的发生，要向客人做好解释工作，不可急于将责任推脱掉。如果确实是服务质量问题导致客人的投诉，并已经给客人带来损失，就要想办法去补偿，这需要旅游企业和客人去协商解决，直到客人满意为止。

（五）积极进行信息反馈

一些投诉的处理较为复杂，不能马上给予客人答复，而客人的旅游生活还要继续，不能在此等候，这就要求旅游企业留下客人的联系方式，跟客人解释清楚，给客人解决问题的程序和日期，而且一定要兑现承诺。一旦有了结果，要尽快将处理意见反馈给旅游者，避免因拖延而造成客人的误解。

（六）将投诉进行存档

客人的投诉不仅可以反应旅游企业存在的问题，还可以反应服务人员服务质量的好坏。将投诉进行存档，旅游企业可以通过对投诉进行分析，发现企业存在哪些问题，为以后改善经营管理提供依据。通过对投诉对象的分析，可以知道哪些员工工作认真，哪些员工的服务质量有问题，将投诉作为员工考核的依据。

旅游投诉事件虽然近几年发生的频率较高，但是，无论因何原因产生的投诉，作为相关部门都要认真对待，尽心尽力地解决问题。顾客满意了，才能再次光临，企业才能争取更多的回头客，做到经济效益和社会效益双丰收。

答疑解惑

1. 旅行社要安排旅游者到正规的购物店去购买商品，当旅游者发现购买的商品为假冒伪劣商品后，可以向商家索赔，或向旅游行政管理部门投诉。作为旅行社也应该有责任和义务帮助旅游者极力解决此事，如果旅行社也存在欺诈行为，旅游者同样可以向相关部门投诉。

2. 该景区旅游商品服务人员的行为很不妥当，无端对旅游商品进行夸大宣传，诱导旅游者进行消费，具有欺骗行为，违反了旅游服务行业人员的职业道德。

项目小结

旅游者在进行旅游活动的过程中，会接触到很多服务人员，也会涉及很多旅游服务企业，为了使旅游者拥有美好而难忘的体验与感受，无论是服务人员还是服务企业，在为旅游者提供服务的过程中都要掌握他们对前厅、客房、餐饮、购物方面的心理需求及他们旅游不同阶段的心理特点，根据特点与需求提供相应的服务策略，提高顾客满意度，确保旅游者达到旅游的目的。在旅游者旅行生活的过程中，因为一些具体原因会造成旅游者的不满而引起投诉。服务人员及旅游服务企业要认真看待投诉并且采取合理的解决方法与措施，在保证旅游者利益不受损害的同时，维护服务人员及服务企业形象，争取更多回头客，创造出更大的效益。

实训练习

一、选择题

1. 旅游者对前厅服务的心理需求包括（　　）。

A. 求尊重的心理　　B. 求快捷的心理　　C. 求方便的心理　　D. 求信息的心理

2. 旅游者旅游过程分为哪几个阶段？（　　）

A. 初期阶段　　B. 早期阶段　　C. 中期阶段　　D. 后期阶段

3. 旅游者在进行投诉时，最基本的心理需求是（　　）。

A. 求理解心理　　B. 求补偿心理　　C. 求公平心理　　D. 求发泄心理

二、简答题

1. 旅游者对客房、购物服务的心理需求及相应的服务策略是什么？
2. 阐述旅游者在中期阶段的心理特点及服务策略。
3. 解决投诉的服务策略包括哪些内容？

三、综合业务题

案例名称	客人特殊的需求
工作任务	穆罕默德是一位来自阿拉伯国家的大商人。一日，在其随从的保护下，一行 4 人来到五星级的某大酒店。这家酒店素有“商旅之家”美誉，是一个很受商务、公务客人青睐的酒店，它拥有各类豪华客房。穆罕默德提出 4 人合住一个高楼层、较静的豪华四件套的要求。不巧，酒店的该种豪华套间正准备改造，墙纸和地毯都已揭去，电梯也已关闭。因此总台服务员向客人提出了两个替代方案：一是提供两个相邻的两件套；二是穆罕默德先生租用一个豪华的两件套，三位随从可使用与此相连通的一个标准间，再另加一张床。但穆罕默德一行不同意，坚持先实地看看准备装修的四件套是什么情况再作决定。总台服务员立即与大堂经理取得了联系，大堂经理引导他们看了房间，不料客人感到满意，执意要求住这个四件套。
完成时间	15 分钟

任务目标	根据不同客人的服务需求提供相应的服务方法与措施。
任务要求	1. 客人穆罕默德一行为什么执意要住四件套？ 2. 酒店方应该做哪些努力或工作来满足客人提出的要求？ 3. 通过案例，你得到哪些启示？
研讨内容	
研讨成果	
讨论过程	
自我角色	
自我评价	
小组评价	
教师评价	

项目八 保持旅游企业员工的心理健康

问题引入

旅游企业员工对客服务过程中，除了应掌握扎实的旅游服务管理专业知识外，从业员工还应具备哪些心理素质？如何处理旅游企业人际关系？如何做好员工心理保健工作，才能提升旅游企业服务质量，进而提升旅游企业服务水平呢？

任务导读

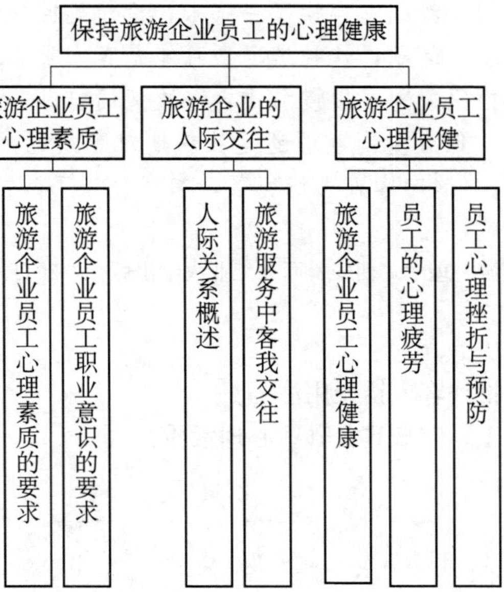

学习目标

知识目标：学习、掌握旅游企业员工心理素质要求和职业意识；了解旅游企业人际关系，掌握旅游服务客我交往；掌握旅游企业员工心理健康标准，掌握旅游企业员工心理疲劳，掌握旅游企业员工心理挫折与预防。

能力目标：通过对相关知识学习，结合具体实际案例，体会旅游企业员工心理素质要求和职业意识的重要性；培养员工在特定情境中，能够灵活运用人际交往技巧处理好客我关系；结合相关案例，运用旅游企业员工心理保健知识，培养员工自我心理健康。

任务一 旅游企业员工心理素质

案例导入

帮客人开门的启示

某日，8917房的徐先生气冲冲地跑到总台，把房卡狠狠地在台面上一摔，说道："你们是怎么搞的，我的房门又打不开！早上已经换了一张，现在又没用了，你们想气死我呀！"大堂副经理到场处理，先是安慰了客人，让他不要生气，后迅速地把房卡读了一遍，的确是8917房，时间也对，应该是可以打开的。为确保无误，大堂副经理又重新做了一张新卡，并陪同客人一起去房间。当时客人还很恼火，说："早上就打不开了，是服务员给我开的门，我到总台换了一张卡，没想到回来还是打不开。"到了房间，大堂副经理却发现房卡没有问题，这种情况很可能是客人没有正确使用房卡，插反了方向。于是，大堂副经理把门关上，用慢动作再一次把门打开。这一切客人看在眼里，他心里也明白了怎么回事。但大堂副经理还是礼貌地对客人说："对不起，徐先生！可能是刚才门锁有点小问题。"这时客人表情变了，态度也变了，忙说："谢谢，谢谢，麻烦你了。"

资料来源：李青霞．旅游心理学．西安：西北工业大学出版社，2011：148－149.

? 问题与思考

1. 对客服务中，能批评客人错误用法吗？
2. 作为旅游企业员工，应该具备哪些心理素质？

知识探究

旅游者在旅游过程中，期待旅游服务员工帮助解决各种实际问题，帮助他们消除各种不愉快，以获得愉悦的感受，留下美好的记忆。因此，旅游企业员工的服务有双重性：为客人提供优质的功能服务，同时为客人提供优质的心理服务。如何做好旅游企业员工服务的双重性，培养旅游企业员工心理素质和职业意识是旅游企业员工做好服务双重性的关键。

一、旅游企业员工心理素质的要求

旅游企业员工对客服务过程中面临复杂的社会环境，其行为、作风上所表现的思想觉悟、对客行为的熟练程度以及个人的品性、员工的工作能力、服务态度等，直接影响服务水平。

（一）气质要求

气质是人的一种个性心理特征，表现在人的认识、情感、言语、行动中，如心理活动发生时力量的强弱、变化的快慢和均衡程度等稳定的动力特征。气质是一个人从内到外的一种内在的人格魅力。旅游服务员工为客人提供优质服务，必须具备一定的气质特征。

1. 感受性、灵敏性的高低适宜

感受性指人对外界的刺激产生的感觉能力和对外界信息产生心理反应需要达到的强度。灵敏性指服务人员的心理反应速度和动作灵敏程度。

旅游企业员工在工作中，接待来自四面八方的客人，由于客人的年龄阶段、文化背景、文化层次等差异，如果旅游企业员工感受性过高，会因外界刺激的不断变化而精力分散、注意力分散，影响工作效率；同时如果旅游企业员工感受性过低，会对于客人需求熟视无睹，容易怠慢客人，降低服务质量，甚至遭遇客人投诉。要保持一个良好的工作状态，需要旅游企业员工的感受性高低适宜。同时，旅游企业员工应注意服务过程的灵敏性，旅游企业员工灵敏性过低会延误服务时机，使客人感受到冷落；相反，旅游企业员工灵敏性过高，会使客人感觉服务人员不够稳重、过急。

2. 维持高的忍耐性、情绪兴奋性

忍耐性是人受到外界刺激作用时，在时间、强度上的耐受程度表现。如旅游企业员工在对客服务过程中要能够善于克制自己的情绪，要能够忍耐客人的各种要求，甚至有些时候可能是客人无理取闹。

情绪兴奋性指情绪发生的速度和程度。如导游在自己的景区重复着熟悉的解说词，长期的重复工作必然会出现工作厌倦，工作的热情会降低。游客对于景区充满期待，而导游的情绪直接影响游客兴致，所以维持旅游企业员工的情绪兴奋性，使旅客感受到服务人员的工作热情很重要。

3. 可塑性强

可塑性指旅游企业员工对服务环境出现的各种情况及变化的可塑程度。旅游服务工作的业务面广，旅游企业员工必须掌握一定的服务程序和服务规范，但要在具体业务中根据客人的具体需求进行灵活调整。旅游企业员工提供个性化、多样化的服务，坚持“客人总是对的”“客户至上”的服务宗旨，要求服务人员具备很强的可塑性，提供有针对性的服务，提高顾客对服务质量的满意度。

（二）性格要求

性格指表现在人对现实的态度和相应的行为方式中的比较稳定的、具有核心意义的个性心理特征。性格主要体现在对自己、对别人、对事物的态度和所采取的言行上。良好的性格可以使旅游企业员工始终处于最佳的服务状态，让客人感受良好的服务水平，使对客关系和谐、融洽。旅游企业员工应具备的性格特征为：独立自信、真诚热情、富有同情心、幽默乐观、守信自律。

（三）情感要求

从心理学角度，情感是人对客观现实的一种特殊反映形式，是人对于客观事物是否符合人的需要而产生的态度体验。旅游企业员工的接待工作复杂多变，员工的情感体验也不尽相同，不同的情感体验会导致不同的旅游行为，或积极的行为，或消极的行为。旅游企业员工应注意调节自己的情感，控制自己的情绪，把欢乐的情感带给客人。如导游要谦让忍耐，善于把握自己的语言分寸，不卑不亢，不能因某些客人的无理而影响自己的情绪。培养旅游企业员工具有积极健康的情感品质，有助提高旅游行业的服务质量。

（四）意志要求

意志是人们自觉地调节自己的行为去克服困难，以实现预定目标的心理过程。人的意志表现在行动之前，选择其认为最恰当的行为方式，面对其中的种种困难，顽强地去克服它，并让行动坚持到底，实现目标的一种态度。如导游在带团过程中，会遇到复杂的社会关系及各种特殊情况，能否解决带团过程中的各类问题，取决于导游的个人意志品质。

1. 意志的自觉性

意志的自觉性是指一个人在行动中具有明确目的性，并充分认识行动的社会意义，使自己行动服从于社会要求。如导游的自觉性要求导游在带团过程中充分认识到导游服务的社会意义，使自己的行动符合祖国人民的荣誉、社会风尚，要不受外界的干扰和诱惑，自觉遵守组织纪律、坚持真理、修正错误等，独立完成导游的工作任务。

2. 意志的果断性

意志的果断性要求个体处理事情时，当机立断，善于明辨是非，毫不犹豫地做出决定。从事旅游服务工作复杂而繁琐，而有些时候某些旅游者又善于提出问题、制造问题，这时，就要求旅游从业人员具有明辨真伪、是非的能力，在条件允许的情况下及时果断地做出决定。如导游意志的果断性表现在旅游活动中，一旦情况发生变化，要快速地做出决定以安抚旅游者的情绪，使旅游活动顺利地进行下去。

3. 意志的自制性

意志的自制性要求个体要善于控制和支配自己的行动。旅游企业员工的自制性表现为在旅游服务工作中，遇到各种不好的状况时要善于抑制自己行动过程中可能出现的消极情绪及冲动行为。如导游人员在旅游途中，可能与不同性格、气质的旅游者打交道，应随时随地注意自己的神态、表情、言行及情绪等。

4. 意志的坚忍性

意志的坚忍性也就是对事物的坚持性，即毅力。对于旅游从业人员来说，具备意志的坚忍性是必不可少的，要不畏艰险、不怕挫折，坚决地完成旅游服务工作，并从中体现出锲而不舍、勇往直前的品质。

（五）能力要求

能力是个体顺利完成某种活动所具备的最基本的心理特征，是个性心理特征的重要方面。如导游的工作包括向导和讲解、照顾和代办、商品推销、安全保障、协调联系等几个方面，完成如此复杂和特殊的工作，导游需具备以下几种能力。

1. 敏锐的观察力

在旅游活动中，人们经常将真实的自我隐蔽起来，如果服务人员没有敏锐的观察力，旅客偶然表现出来的真实自我便被忽视。因此，旅游服务人员具有敏锐的观察力，是保证实现优质服务的重要前提。旅游服务人员可以通过敏锐的观察力了解到客人的喜好、习惯，对待事件、事态的评价等，从而为客人提供相应的个性化服务，并在同客人沟通过程中，避免出现同客人不同的观点而引起客人的不悦。

2. 良好的记忆力

在旅游服务工作中，服务工作和服务对象等方面的内容复杂多样，如何满足客人合理需求，关键取决于服务人员的记忆力。

案例赏析

记住客人的名字

客人小王来到服务台办住宿手续，还未等客人开口，服务小姐就先说："王先生，欢迎您再次光临，希望您在这儿住得愉快。"小王听后十分惊讶，露出欣喜的神色，因为他只在半年前到这里住过一次。当天夜里，小王突然感觉到肚子很饿，想要点东西吃，便找出了房务中心的电话号码。让小王感到十分意外的是，他刚拨通电话，电话那头就有一位服务人员接听电话，并非常亲切地说："您好，王先生。这里是房务中心，请问有什么需要帮忙的吗？"小王更为惊讶了，房务中心的服务员又怎会知道他姓王呢？

请从心理学的角度对服务人员的服务做出评价。

评析：美国一位学者曾经说过："一种既简单又重要的获得好感的方法，就是牢记别人的姓名。"善于记住别人的姓名，既是一种礼貌，又是一种情感投资。姓名是一个人的标志，人们由于自尊的需要，总是最珍爱它，同时也希望别人能尊重它。在人际交往中，当你与曾经打过交道的人再次见面时，如果对方能一下子叫出你的名字，你一定会感到非常亲切，对对方的好感也油然而生。基于以上原因，酒店一般都要求服务员尽量记住客人的姓名。

3. 稳定而灵活的注意力

注意力指人的心理活动指向和集中在一定事物上的程度。旅游服务人员为保证旅游服务质量，在工作岗位上注意力必须相对集中稳定、适时灵活转移，克服过分集中与分散的弱点。如果酒店服务岗位员工控制不住自己的注意力，同时应酬多位客人时，容易使客人感觉服务人员服务能力差，工作效率低；若注意力过度分散，在对待客人时漫不经心，会使客人觉得受到怠慢。所以，旅游企业员工要达到优质服务要求，必须具有稳定而灵活的注意力。

4. 较强掌握和执行的政策能力

旅游服务工作也是一项对外交流工作，是一项政策性很强的工作，旅游从业人员要熟悉不同国家、不同地区、不同民族的政策。

5. 较强的业务能力

旅游企业员工从业工作中，不论是导游服务还是饭店服务，对客服务都有自己独特的业务范围和工作程序。旅游服务人员对自己相关业务范围、工作程序实施的熟练程度直接影响着服务工作的质量和水平。因此，旅游服务人员具备较强的业务能力是服务工作成功的关键。

6. 较强的交际能力

在旅游服务工作中，主客之间的交际是频繁的，交际能力是搞好服务工作必备的能力。提高自己的交际能力可以从以下几个方面入手：

首先，应重视给旅客的第一印象。旅游企业员工从业工作中，主客之间的接触时间是短暂的，很难通过“日久见人心”来达到情感相容的目的。在旅游服务员工的初次接待中，其服务的态度、办事的效率、仪表所产生的第一印象效应会对后续交往行为产生重要影响。

其次，具有简捷、流畅的语言表达能力。语言是旅游企业员工与旅客交往的主要工具，在对客服务过程中，服务人员的语言一定要言简意赅、准确连贯、有理有据，发音要清晰，语气要柔和，速度要适中，用词要准确，必要时要辅以表情和动作，从而达到良好的交际效果，忌故弄玄虚、哗众取宠。

最后，具有妥善处理各种矛盾的应变能力。在旅游接待工作过程中，由于主客双方各自的利益关系差异，矛盾和冲突在所难免。旅游企业员工要善于驾驭各种态势，在不影响企业声誉又能维护旅客情面的情况下，妥善地把各种问题处理好，所以旅游服务人员必须具备良好的应变能力。

二、旅游企业员工职业意识的要求

（一）形象意识

21 世纪是个性化的时代，塑造形象、以形象制胜是企业在生存与发展的竞争中的必由之路，作为服务型企业的旅游行业尤应如此。众多国际旅游集团已开始把战略与业务重点投向亚太地区，中国的旅游业自然也成为国际旅游集团纷纷抢滩之地，这无疑把旅游竞争推向更加白炽化的状态。

旅游服务人员的形象对于旅游者来说非常重要，旅游服务人员形象主要体现的行为举止、风度仪表等方面，如果旅游从业人员表现大方文雅、热情稳重，能给旅游者留下完美的第一印象，为后续的服务工作打下良好的基础。

（二）角色意识

社会心理学中，角色是个体在特定社会和群体中占有的适当位置。旅游企业员工从事服务工作扮演的角色是提供服务。在从业过程中，旅游企业员工要正确处理自己与客人的位置关系，摆正心态，尊重客人，正确认识社会角色的不平等是合理的不平等。目前部分旅游从业人员认为旅游服务人员低人一等，与旅游者的角色比较时心里会不平衡，甚至产生自卑感；当游客提出要求或发泄不满情绪时，旅游服务人员不能忍让客人，甚至与客人发生激烈的矛盾冲突。因此旅游从业人员要正确认识游客与服务人员的社会角色的不同，学会换位思考。

（三）服务意识

服务意识，即自觉主动做好服务工作的一种观念和愿望，它发自服务人员的内心。旅游行业的服务意识是指旅游业相关工作人员发自内心为客人提供热情、周到、主动的服务欲望和意识。旅游企业应培养有服务意识的员工，使之总以客人为中心，站在客人的立场上，急客人之所急，想客人之所想。一个具有服务意识的员工，可以最大限度地提高顾客的满意度。

资料链接

枕头的启示

有一位常穿梭于各个城市讲课的培训师，用一个枕头诠释了“服务意识”的定义。这位培训师睡觉要睡高枕头，所以每逢入住酒店总是把另一张床的枕头放在自己床上。但往往在第二天，客房服务员都会把他移动过的枕头放回原位。久而久之，他不好意思麻烦服务员，于是睡醒后自动把移动过的枕头放回原位。直到有一次到自贡入住汇东大酒店，那次他实在太劳累了，第二天起床后把换回枕头的事忘了。晚上回到房间，发现枕头变了，下层是一个普通枕头，上层是个散发着淡淡药香的保健枕头，而且比普通枕头高了一些。这个贴心的服务小细节让他对这家酒店的印象特别深。从此以后，一有机会到自贡他肯定入住这家酒店，而且还介绍给亲戚朋友们入住。细节留住了客人的心，也体现了该酒店比较强的服务意识。

资料来源：李焕珍．浅谈旅游专业学生服务意识的培养．现代企业教育，2014（05）：271.

（四）信誉意识

信誉对于一个企业组织来说是生存和发展的基础，对于个人来讲是第二生命。旅游企业员工对客服务过程中，信誉是事关个人和企业生存、发展的大问题。众所周知，旅游市场的发展是由买方市场决定，谁的旅游产品过硬、服务水平高，谁就会赢得消费者的信赖，就会占有市场。因此旅游企业要加强旅游企业员工的培训，树立旅游企业的信誉意识。

答疑解惑

酒店是高新科技产品运用的地方，有些东西不仅第一次住店的客人不懂如何使用，就连经常住店的客人一时间也摸不着头脑，这就要求我们在引领客人进房间时，多介绍一些房内设施的使用方法。行李员工引领客人进房间时向客人说一下“带芯片的朝上”，就可以减少不必要的麻烦。我们要时刻记住“客人永远是对的”。

任务二 旅游企业的人际交往

案例导入

当客人突然袭来之际

某日晚上六时许，河南省国际饭店的大堂内灯光辉煌，宾客如云。总服务台的接待员小马正忙着为团队客人办理入住手续。这时两位香港客人走到柜台前向小马说："我们要一间双人客房。"小马说："请您稍等一下，我马上为这个团队办好手续，就替你们找空房。"其中一位姓张的港客说："今晚七点半我们约好朋友在外面吃饭，希望你先替我们办一下。"小马为了尽可能照顾这两位客人，于是一边继续为团队办手续，一边用电脑查找空房。经过核查，所余空房的房金都是每间218元。客人大发脾气："今天早上我曾打电话给你们饭店问询房价，回答说双人标准间是每间186元，为什么忽然调成218元了呢？真是漫天要价！"小马刚要回话，这位姓张的客人突然挥掌向小马的面孔打去，小马没有防备，结果吃了一记耳光，他趔趄了一下，面孔变得煞白，真想回敬对方一下。但他马上想到自己的身份，决不能和客人一般见识，决不能意气用事，于是尽量克制，使自己镇定下来。接着用正常的语气向客人解释说："186元的房间已经住满了，218元的还有几间空着，由于楼层不同，房金也就不一样，我建议你们住下，尽快把入住手续办好，也好及时外出赴宴。"这时另一位香港客人李先生见他的朋友张先生理亏，想找个台阶下，于是就劝张先生说："这位接待员还算有耐心，既然如此劝说，我们就答应住下吧。"张先生见势也就软了下来。

小马立刻招手要行李员把客人的行李送到房间。然而当时从小马紧握着的那只微微颤抖的手上，可以看出他正在极力压抑着内心的委屈。周围的其他客人都纷纷对那位先生的粗鲁行为表示不满，那位张先生一声不响地和李先生办好手续便匆匆去客房了。

那位张先生事后深感自己的不是，终于在离店时到总台向小马表示歉意，对自己的冒失行为深感悔愧。

资料来源：http://www.17u.net/news/newsinfo_16304.html，2016-12-26.

？问题与思考

1. 张先生住店并向小马道歉，为什么？
2. 在旅游企业人际交往过程中，我们应注意哪些方面？

知识探究

旅游企业员工在工作过程中需要面对复杂的对客关系、企业内部人际关系，良好的人际关系有利于工作的顺利开展。

一、人际关系概述

（一）人际交往

人际交往也称人际沟通，就是在社会生活活动过程中，人与人之间的意见沟通、信息交流与相互作用的过程。旅游服务工作从本质上说是一种与人打交道的工作，是通过人际交往实现的。

（二）人际交往的特征

1. 个体性

人际交往的本质是人与人之间的互动关系，在人际交往过程中，个体所扮演的社会角色具有重要地位，而交往个体是不是自己所喜欢或愿意亲近的角色类型成为人际交往的主要问题。

2. 直接性

人际关系是人们在直接的交往和接触过程中产生和发展的，人们可以真切地感受到它的存在，同时通过个体感受影响人际关系的发展程度。

3. 情感性

人际关系的情感倾向有二类：一类是使彼此接近和相互吸引的情感；另一类是使人们互相排斥分离的情感。个体在人际交往过程中，决定人际交往的彼此相互吸引或排斥的情感倾向。

（三）人际交往的重要性

1. 心理保健

人际关系对于员工的心理健康至关重要，良好的人际关系会使人获得强大的热情力量。良好的人际关系有助于员工保持良好的心态，有利于正确处理工作中的问题。

2. 信息交流

现代社会大众传播媒介和现代通讯技术的迅猛发展，使人们信息交流方式和途径多样化，掌握的信息越多，获得的机遇也就越多。信息化渠道有助于建立良好的人际关系，人际关系不会因信息化的发展而消失。

3. 合作互补

现代社会分工细化，单凭一个人的努力根本无法完成某一项工作，如酒店接待客人，要想获得客人的满意，必须从前台接待到餐饮、客房多部门的配合，只有借助众人之力，才能为客人提供满意的服务。员工要顺利要完成自己的工作，就必须善于利用良好的人际关系。

（四）影响人际关系的因素

1. 促进人际交往的因素

（1）时空性因素。

人际交往过程中，时空的接近比较容易建立良好的人际关系，尤其在交往的初级阶段。虽然空间距离不是人际关系好坏唯一的、决定性因素，但“远亲不如近邻”，空间距离接近的优势，无疑是影响人际交往的一个有利条件。交往频率也是影响人际关系的一个重要因素。交往机会的次数越多，交往对象相互之间就越容易真正地理解。时空因素对于素不相识的人来说，在人际关系形成初期有着重要的作用，随着时间的推移，其发挥的作用将会越来越小。如果交往双方人际关系紧张，空间距离越近，交往频率越频繁，人际关系反而会越紧张。

（2）类似性因素。

现实人际关系中，如果交往的双方能意识到彼此在个人特性方面的相似性，就很容易产生人际吸引，甚至产生相见恨晚的感觉。人际交往中这种相似性越多越接近，人们之间就越能产生好感。类似性有助于人际交往。首先，具有相同兴趣、爱好的人参加类似的社会活动，有更多的交往机会，最终成为朋友。其次，交往过程中，如果彼此的价值观、社会观相似或一致，双方的人际关系会增强，有“英雄所见略同”的感觉。最后，如果性别、年龄、学历、态度、社会地位等方面相似，人际交往过程中就更容易沟通，很少因沟通困难而出现误会和冲突。

（3）互补性因素。

在人际交往中，个体虽然喜欢与各方面都和自己相似的人在一起，但有时与自己并不相似的人交往也会得到更多的补偿。互补性指双方在交往过程中获得相互满足的心理状态，主要指心理特性相反者的互补。人际交往过程中，有时某些个性相反的品质反而会使人们彼此更加喜欢。互补对于喜欢的作用，明显地以满足某种需要为前提，如果交往双方的需要都能得到充分的满足，就容易形成良好的人际关系。可以用“刚柔并进”来形容这种互补关系。

（4）相悦性因素。

人际交往中，相悦指人们之间在情感上的相互接纳和肯定。当个体彼此间从对方的言谈举止中感到对方能接纳和喜欢自己时，容易产生巨大的相互吸引力，从而建立起良好的人际关系。

（5）特质性因素。

个人特质因素是影响人际关系的一个重要因素。特质性因素中的能力因素和仪表因素起主要作用。具有优异的专业特长、能力很强的人，其本身就是一个特殊的“磁场”而散发出吸引力，容易让别人对他产生一种敬佩感，愿意与他接近和交往。个人仪表也是影响人际关系的重要因素，如果个体的长相、衣着、体态、风度等，漂亮、标致的人招人喜欢，这是“首因效应”起作用。

2. 阻碍人际关系的因素

在人际关系交往中，心理状态不健康者，往往无法拥有和谐、友好和可以信赖的人际关系，在与人相处中，既无法得到快乐满足，也无法给予别人有益的帮助。

（1）自我意识障碍。

人际交往过程中，有一部分人以自我为中心，只关心个人的需要，强调自己的感受。任何场合都把自己作为中心，高兴时海阔天空、手舞足蹈讲个痛快；烦恼时则不分场合地乱发脾气，完全不顾及别人的情绪和感受。

（2）妒忌心理障碍。

嫉妒是对别人的成就感到不快的一种心理感受。每个人或多或少都存在这样的妒忌心理：有的人因嫉妒而积极进取，鞭策自己迎头赶上；而有的人却因为嫉妒，对自己感到消极悲观，失落逃避，甚至对别人仇视忌恨、诋毁中伤。正如黑格尔所说：“有忌妒心的人自己不能完成伟大事业，便尽量去低估他人的伟大，贬低他人的伟大使之与他本人相齐。”这样的人在人际交往过程中，只能让别人感到厌恶，甚至敬而远之。

（3）羞怯心理障碍。

在人际交往过程中，绝大多数人或多或少地存在胆小羞怯的心理。如在交际场所或大庭广众之下，往往表现出羞于启齿或害怕见人，说话结结巴巴，行动手足失措。普通的人际交往并不需要多少技能，而胆小害羞者心里总认为自己人际交往能力很差，实际情况并非如此，他们完全知道应该怎样与人交往，只是缺乏实际的人际交往锻炼，只要他们不逃避，勇于实践就一定能克服胆小害羞的心理。

（4）猜疑心理障碍。

在人际交往过程中，敏感多疑的人总是“以小人之心，度他人之腹”。常常会根据自己有某种不好的想法而认定他人也有同样的想法，他们总是先在主观上设定他人对自己不满，然后在生活中寻找证据。敏感多疑的人经常把无中生有的事强加于人，甚至把别人的善意曲解为恶意。

（五）良好人际关系的建立

1. 重视第一印象

良好的个人形象在人际关系建立的过程中扮演着非常重要的角色。塑造良好个人形象的具体策略有：首先，要注意仪表美。衣着整洁大方，举止自然得体会给人一种亲近感，反之，过分修饰，油头粉面，浓妆艳抹，则会给人一种不合宜的印象。其次，待人要真诚热情。一般情况下，交往双方总是先接受说话的人，然后才会接受对方陈述的内容。因此，对人讲话时，态度应该诚恳，避免油腔滑调、高谈阔论、哗众取宠、垄断话题，否则会使人感到不愉快。实事求是、态度热情，往往给人一种信赖感和亲近感，有利于交往的继续深入；反之，如果言不由衷、转弯抹角、态度冷淡，则给人一种虚假、冷淡的感觉，交往很难再深入下去。最后，要做一个忠实的听众。每个人都需要有自我表现的机会。在初次交往中，有效地表现自己固然重要，但做一个耐心的听众，鼓励交往对象多谈他们自己，同样也是必不可缺的。

2. 主动交往、沟通

主动接近被交往者，良好的人际关系属于那些经常主动的人。因此，要想赢得良好的人际关系，就必须成为交往的发起者。当你主动与陌生人打招呼或攀谈时，你会发现自己的努力几乎都是成功的；你成功的经验越来越多，你的自信心也会越来越充分，你的人际关系也会越来越好。很多人之所以不能和他人建立良好的人际关系，原因之一就是他们在人际交往过程中总是采取消极的、被动的退缩方式，总是期待友情从天而降。因此，只有善于主动与别人交往，才有可能建立良好的人际关系。

人际沟通之所以重要，是因为人和人之间由于社会环境、自然环境、成长环境等存在差异，对同样一种行为和动机的理解也会不一样，每个人都希望得到别人的支持，但是，如果别人不了解你，就不会理解你，自然也就谈不上支持你。因此，要想得到别人的理解和支持，首先让别人了解你，而沟通是重要的前提和手段。沟通要及时，避免矛盾和误会在时间推移中日积月累。沟通要注意时机，要在对方有空暇时间，并且心情愉快、愿意和你交流时才能达到沟通目的。沟通过程中使对方了解沟通的原因、目的，最终有助于对方理解你的行为和要求。沟通的语言要委婉，站在对方的视角表达你的看法，争取交往对象的支持，而不是强迫别人接受你的意见。

3. 换位思考

换位思考是站在别人的立场去考虑问题，善于从对方的角度和处境认知对方的观念、体会对方的情感、发现对方处理问题的方式，实现情感传达，达到感情上的共鸣。如有的员工人际关系处理不好，总是埋怨别人而不检讨自己，总希望别人理解自己而不去理解别人，总习惯从自己的主观判断出发而忽略别人的判断，总喜欢根据自己的经验来指导别人而不顾及别人的心理感受。人际关系交往过程中，如果能够体谅对方，站在对方的角度来处理问题，矛盾就会化解，人际关系就会融洽。

4. 加强自我修炼

个体在人际交往中学会正确地认识自我、评价自我、控制自我、调适自我，在日常交往中，注重自身健康人格的培育，克服归因偏差，勇于承认自己的错误，勇于改错，勇于进行人际交往实践，不断提升自己对人性的认识，理解他人、尊重他人、宽容他人、帮助他人，改善自己的人际关系。

5. 善用表扬与批评

心理学家认为，表扬能释放一个人身上的能量，调动人的积极性。“表扬能使羸弱的身体变得强壮，能给恐惧的内心以平静和依赖，能让受伤的神经得到休息与力量，能给身处逆境的人以务求成功的决心。”真心真意、适时适度的表达你对别人的赞扬，对于良好人际关系的建立是非常必要的，同时，表扬既要对人也要对事，这样更能增进彼此的人际吸引力。与表扬相对的是批评。一般情况下，应多作表扬，少用批评，批评是负性刺激。通常只有用意善良、符合事实、方法得当时，批评才有可能产生积极的效果，才能促进对方的进步。同时，需要批评时应注意选择适合的场合与环境，应对事不对人，不能对一个人全盘否定，这样会挫伤对方的积极性和自尊心，批评的措词与态度应该是友好真诚的。

二、旅游服务中客我交往

（一）客我交往

旅游服务是主客相互作用的一个动态过程，客我交往是旅游服务的先决条件和存在方式，没有客我交往也就不存在旅游服务。旅游活动中的人际交往有三种类型：第一种是服务员与客人之间的交往，称客我交往；第二种是客人之间的交往；第三种是服务人员之间的交往。客我交往是旅游工作中人际交往最多，最具有价值的。客我交往指旅游服务人员与客人之间为了沟通思想、交流感情、表达意愿，解决在旅游活动中双方共同关心的某些问题而相互交流、影响的过程。

（二）客我交往的特点

1. 短暂性

市场经济的迅猛发展，旅游交通的便捷，使旅游者可以高效地穿梭于世界各地，形成了旅游服务交往频率高、时间短的活跃局面，短暂性的特点愈加突出。游客往往在一个目的地的逗留时间不会很长，一般只有1～3天，其中大部分时间在市区或景点观光游览或办理事务，在大饭店内逗留的时间较少，因而客我之间相互熟悉了解的机会也随之减少。

2. 不对等性

客我交往的不对等接触指在这种接触过程中只有客人对服务人员下达指令或提出要求，而不存在相反过程的可能。客我之间的接触通常是一种不对等的过程，即旅游服务员工必须服从和满足客人的意愿，因此双方关系是不对等的。一些传统观念较深的服务人员，常常由于不能正确理解和处理这种不对等关系而陷于自卑状态或产生逆反心理，给旅游、饭店的管理工作和服务质量的提高造成消极影响。

3. 公务性

一般情况下，旅游服务人员与客人的接触只限于客人需要服务的时间和地点，否则是一种打扰客人的犯规行为，客我之间的接触只限于公务而不涉及个人关系。

4. 不稳定性

旅游企业员工对客服务过程中，游客以临时性、松散性的群体出现，随着旅游活动的结束而终止，这种人际关系具有相当强的不稳定性和脆弱性，还会导致游客群体内的人际关系冲突，因此旅游服务人员必须加以重视。

（三）客我交往原则

1. 功利性原则

人与人之间的交往本质上是社会交换的过程，包含有形产品的交换，同时又有情感、信息、服务等无形产品的交换。从旅游服务角度来说，旅游者与旅游企业员工既有有形产品的交换，又存在无形产品的交换。旅游者交往过程中得到有形产品与无形产品的物质与精神需要的满足。旅游服务人员提供有形与无形产品的服务，获得良好经济效益和社会效益。

2. 双胜原则

“双胜”指人际交往过程中彼此满意的结局。人际交往过程中有四种结局：你胜我败、我胜你败、两败俱伤、双胜无败。旅游企业员工在对客服务过程中，坚持“客人永远是对的”思想，服务人员在工作中具有提供服务的角色意识，使客人获得优质服务，赢得客人的认可，成功建立客我交往的和谐人际关系。客我交往过程中，要清醒意识到特定的角色关系，寻求“双胜”的平衡，即与客人交往的过程中能达到双方“有所得”的局面。因此旅游企业员工工作过程中要考虑客人需要什么、应该得到什么，在对客服务过程中克服自己“大赢、特赢”而游客“一无所获”的局面。

（四）旅游服务中客我交往要求

1. 良好的服务态度

服务态度是服务人员对顾客的思想情感及行为举止的综合表现，包括对顾客的主动热情程度、敬重和礼貌程度。服务态度是衡量服务质量的一项重要标准和内容。

（1）明确的角色意识。

旅游企业员工明确自己在工作中提供服务的角色，以规范化的服务程序，为客人提供满意服务。摆正自己与客人的关系，扬客人之长，隐客人之短，明确“提供服务”与“接受服务”的角色关系。

（2）敏锐的观察力、判断力。

游客的职业、身份不同，住宿、游览等的动机也不相同，旅游企业服务人员应在与游客接触的较短时间内，根据游客的仪表、交谈、气质等作出准确判断，做好相应的接待服务。

（3）出色的表现力、感染力。

旅游企业员工与游客短暂的接触，最初给游客留下良好的印象，通过自身较强的表现能力，用真挚的情感感染游客，让游客受到关心、体贴的服务。

2. 良好的服务语言

（1）言语沟通。

旅游企业员工服务的过程中有效的沟通是特别重要的，如果做不到这一点，即使世界上最有效的服务思想也会烟消云散。服务人员语言标准，首先应该包括一些基本的礼貌语言标准，如顾客来了要说“欢迎光临”；客人离店时，讲“祝您愉快”或“欢迎您再次光临”；客人讲“谢谢”时，回答“不用谢”等。

1）谈论对方最感兴趣的话题。如果我们想要与游客成为朋友，并成为受游客欢迎的服务员工，就要谈论对方感兴趣的话题，如游客的爱好、职业特长等。服务过程中接触对方最好的妙方，就是和对方谈论他最感兴趣的事情。但如果我们只想让别人注意自己，让别人对我们感兴趣，我们就永远都不会有真挚而诚恳的朋友。

2）谈话让对方感到自己很重要。永远尊重别人，使对方获得自重感。如果我们交往过程中发自内心让对方感觉自己很重要，将会得到无数的朋友，获得无穷无尽的快乐。每个人都有其优点，都有值得别人学习的地方，承认对方的重要性，并由衷地表达出来，会获得良好的人际关系。

3）学会用友善的方式说话。人际交往中温柔、友善，永远比愤怒、暴力更强有力。一个人如果能认识到“一滴蜂蜜比一加仑胆汁能捕到更多的苍蝇”这个道理，那么在日常言行中学会表现出温和友善的态度，有可能会改善与你不和并对你怀有敌意的人的人际关系。

4）做一个真诚的倾听者。认真倾听对方的谈话，正是我们对他人的一种最高的恭维。很少有人能拒绝那种带有恭维的认真倾听。成功的商业会谈的秘诀，即“神秘的秘诀”是什么呢？就是专心致志地倾听正在和你讲话的人所说的内容。许多名人曾告诉我们，和那些善于谈话者相比，他们更喜欢那些善于倾听者。但是，人们所具备的善于倾听的能力，好像比任何其他能力都要少。如果你希望自己成为一个善于谈话的人，首先就要做一个善于倾听别人的人。要做到这一点其实并不难，你不妨问问别人一些他们喜欢回答的问题，鼓励他们开口说话，说说他们自己以及他们所取得的成就。

5）永远不要指责他人的错误。在人际交往过程中，如果你指责别人说他错了，你认为他会同意吗？用拉图或康德式的逻辑与他辩论，也改变不了他的看法，因为你伤了他的自尊。如果想要证明错误的问题，大可不必声张宣扬，要讲究策略方法，不要让任何人看出来，使其在不知不觉中接受你的观点。

6）表达趣味。在人际交往过程中培养幽默感。多看一些幽默的书，把幽默类型进行分类，将熟悉的段子与实际交往直接关联，然后在人际交往中不经意地根据场景说出。幽默的语调和形体语言会起到很大的作用，很多人说出来的笑话只能冷场甚至打架，同样的话另外一些人说得再不合时宜，也会引人发笑。

（2）非言语沟通。

在人际交往的过程中，人们通过面部表情、身体动作等传递各种交流信号，即人与人之间的非语言交往。

1）表情。可以通过眼神和微笑体现出来。

眼神：眼睛是心灵的窗户，而眼神则是透过窗户传递出的内心世界的本质。一个公正无私的人的心就像一方晴朗的天空，清澈、洁净、透明，从他眼神中流露出来的那种公正、公平的力量，能让我们的心情变得阳光、变得灿烂；一个与人为善的人，眼神中透露着的鼓励和肯定，像一股股暖流，温暖滋润着我们的心灵，鼓舞着我们的斗志；一个充满爱心的人，眼神也一定充满爱意，严肃中透漏着慈祥，平静中透漏着期盼，就像一条汩汩流淌的河流，不断地荡涤着我们的心灵。研究表明，人际交往时目光接触占交谈时间的30%～60%，如果超过这一限度，可能双方都对谈话内容感兴趣，如果低于这一限度，表示谈话内容双方都不怎么感兴趣。

微笑：做一个真诚微笑的人，微笑会让人觉得你非常友善，别人会明白你的心意："我喜欢你，你使我快乐，我很高兴见到你。"那些笑脸常在的人，在管理、教育和推销中会更容易获得成功，更容易培养快乐的环境。如果你希望自己成为一位受人欢迎的说话高手，那么一定要记住：当你看见别人时，一定要微笑。

2）身体动作。人的身体动作是人的思想感情和文化修养的外在体现，同时反映对他人的态度。与游客交流时，要善于发挥身体语言，良好的手姿体现出对游客的欢迎，如握手、引领等，良好的坐姿体现工作的稳重。

3）修饰仪表。我们通常认为，自己接受别人的言谈比受到别人的外表的影响要大得多，其实并不尽然。我们会不自觉地以衣冠取人。有人通过实验证明，穿着打扮不同的人，寻求路人的帮助时，那些仪表堂堂、有吸引力的人要比那些不修边幅的人有更多的成功可能。旅游企业员工仪表修饰应穿着整洁、合体，美观大方，与环境协调，给游客清新、明快、朴素、稳重的视觉印象。

3. 良好的服务技术

服务技术指服务人员对服务知识和操作技能的熟练程度。同服务态度、服务语言一样关系到企业的形象，直接影响旅游消费者的行为。具有良好服务技术的服务人员服务效率高、动作规范、指向性准确、服务效果好，容易使游客产生安全、可靠、快乐、美好、享受和愿意继续消费的心理行为。

案例赏析

细微的服务让客人感动

2009年4月9日，吴美霞在检查4509房间时，看到有两位女士居住，于是她将浴袍换成两件女士的；客人喜欢吃水果，她便为客人准备了黄瓜和小西红柿；看到客人自带的洗刷用品放到大理石台面上，她便为客人铺上了化妆品垫布。10日，她在整理房间时，看到房间内有一双穿过的袜子在长条桌下面放着，便帮客人洗干净，并烘干；得知其中的一位客人过生日，她便在房间内挂了彩灯，并放了生日快乐的影碟，而且在餐桌用花瓣摆成生日快乐的字样。

客人留言：(1) 尊敬的宋总：虽然我还没有见过您，但您的大名早已如雷贯耳，尤其是看到您的员工这么优秀，便可想到您是英明的领导。9日是我入住的第二天，晚上发现礼物以及服务员的便条，她们主动为我们添了水果，还送了荷兰瓜，当时被她们的细微服务震惊了一把，没想到您的员工如此独具慧眼，时时刻刻满足客人的需求，当得知我们是两位女客人时，立即把浴袍换成两件女士用装，这让我们充分感受到了真心的关爱，感谢您为我们安排了张燕这样优秀的员工，海景之旅让我们满是惊喜。(2) 尊敬的海景领导：真的为你们拥有这么可爱的员工而感到无比骄傲，他们是客房部的吴美霞、张燕、张慎庭和孙崇清，今天是我24周岁的生日，因为是来参加培训，太忙就忘记了，晚上打开门的一刹那被墙上的彩灯弄傻了，心想自己走错了，看到桌上的留言条才知道原来今天是我的生日！虽然我已经知道酒店会提供个性化服务，但当他们推着点好蜡烛的蛋糕，唱着生日歌，走进房间的时候，我还是被感动了，被她们的真诚、热情、细心深深地感动了。我的泪水一直在眼眶了打转，那一刻一向善于言辞的我竟然手足无措，一句完整的话都说不出口，最终我只有用感激的拥抱答谢他们4位的祝福，感谢他们为我带来了这么不一样生日，我会永远记住那一刻的，感谢海景为我们青岛学习之旅增添了如此绚丽的一笔。

资料来源：http：//www.canyin168.com/glyy/yg/ygpx/fwal/201109/34075.html，2017-10-09.

试分析是什么原因让客人如此感动?

评析：酒店服务员工善于观察，从客人需求视角出发，为客人提供个性化的服务，赢得了客人的赞许，为酒店树立了良好的声誉。

4. 恰当的服务时机

服务时机指服务人员为游客提供服务的火候和机会，它会影响旅游者的消费心理和行为。服务人员满腔热情地为游客提供服务，但游客不领情，甚至流露出不满或厌烦的情绪，这可能是因为服务人员没有掌握好服务时机。在客我交往的过程中，把握服务时机非常重要，如果服务超前，客人会感觉被应付，如果服务滞后，客人会感觉被怠慢。

5. 个性化服务

旅游企业服务成功的经验之一是标准化服务和个性化服务的适当组合。这种同步性也意味着较高的顾客参与度，服务的质量与顾客满意度将在很大程度上依赖于"真实瞬间"的情况，如果能在"接触瞬间"提炼出标准化和个性化结合的部分，这将会成为服务的亮点。个性化服务包括两个方面：满足旅游者的个性需求，即在旅游者个性需求的基础上，提供有针对性的服务；旅游者个性化需求的满足依赖于服务人员的个性化表现。

答疑解惑

客人张先生的所作所为肯定是不对的，而小马的表现是无可非议的。他既不还手，也不用恶语回敬，他懂得作为饭店的从业人员就是得理也应该让人，这样才会多留住两位客人，并让他们拥有一次愉快的住店经历。当然，小马受到客人的突然袭击会感到委屈，他需要克制自己，不与客人一般见识。小马的宽容举止很典型地体现了“客人总是对的”这句话的真谛。如果饭店员工都能从这个高度来要求自己，饭店的服务质量就可以产生质的飞跃。

任务三　旅游企业员工心理保健

案例导入

小王的烦恼

大学生小王毕业后就职于某酒店前厅部的话务中心，工作初期他表现积极，对工作充满热情和自信。几个月后，小王的工作激情逐渐减退，开始觉得每日不停地接听和转接电话太紧张、太单调，后来发展到对话务工作感到厌倦和恐惧，只要听见电话铃响，就不由自主感到紧张和焦虑，身体出现诸如精力分散、极度疲劳、失眠、头痛、肠胃不适等不良反应和症状。

资料来源：陈楠．旅游心理学．北京：北京理工大学出版社，2011：244.

? 问题与思考

1. 导致小王产生这些行为的根源在哪里？
2. 作为旅游企业员工，应如何避免类似情况的发生？

知识探究

员工心理健康影响企业竞争力和发展前途的话题，引起越来越多企业的重视。如何做好企业员工心理健康辅导，以保持健康的心态投入到工作和生活之中，是当前企业员工管理最为紧迫的问题，也是现代管理需要创新的课题。

一、旅游企业员工心理健康

随着全球化竞争时代的到来，人们的工作、生活节奏越来越快，数字时代大量信息爆炸带来的严峻就业形势、生态环境的恶化、社会的诱惑和选择、对职业发展和企业前景的疑惑、未来社会政治经济发展预期的不确定性，使劳动者的心理健康问题凸显出来。心理亚健康、不健康的状况越来越困扰着企业的员工，压抑、抑郁、焦虑、烦躁、苦闷、不满、失眠、恐惧、无助、痛苦等不良的心理反应像幽灵一样时时困扰着上至管理层、下至普通员工的心，严重时它可以使得企业停滞不前，甚至走向灭亡。

日常生活中，人们常常将“健康”理解为身体上没有疾病和缺陷，并没有将健康的概念推延至人的心理方面。事实上一个人如果心理不健康，即使身体没有疾病和缺陷，仍然不能算是一个健康的人。

世界卫生组织对健康定义为，不仅没有身体上的缺失和疾病，还要有完整的生理、心理状态、社会适应能力和良好地道德观。心理学家的大量研究表明，人的健康是一个整体，身体的状况和心理的状况相互影响。身体的缺陷和长期的疾病会导致心理健康受到影响，同时长期的精神紧张、压力、反复的心理刺激及恶劣的情绪，会导致特定的身体症状、诱发疾病。

（一）心理健康的标准

心理健康是个体内部的协调和外部的适应，表现为一种内外协调的良好的心理功能状态。广义的心理健康标准是指一种高效而满意的、持续的心理状态；狭义的心理健康标准指人的基本心理活动的过程与内容完整协调一致，即认知、情感、意志、行为、人格完整和协调。

1. 美国心理学家马斯洛和米特尔曼提出的心理健康的十条标准被公认为“最经典的标准”

（1）充分的安全感。

（2）充分了解自己，并对自己的能力作适当的估价。

（3）生活的目标切合实际。

（4）与现实的环境保持接触。

（5）能保持人格的完整与和谐。

（6）具有从经验中学习的能力。

（7）能保持良好的人际关系。

（8）适度的情绪表达与控制。

（9）在不违背社会规范的条件下，对个人的基本需要作恰当的满足。

（10）在集体要求的前提下，较好地发挥自己的个性。

2. 旅游企业员工心理健康标准

参照员工的心理健康标准，结合旅游企业员工的心理特征、社会环境，旅游企业员工的心理健康标准概括为以下四点：

（1）正确认识自我。

正确的自我评价是心理健康的重要条件。旅游企业员工明确自己的服务角色，自我观察、自我认定、自我判断和自我评价能使自己恰如其分地认识自己，摆正自己的位置；对自己不会提出苛刻的、非分的期望与要求；对自己的生活目标和理想也能定得切合实际；面对挫折与困境，自尊、自强、自制、自爱适度，正视现实，积极进取。

（2）能协调和控制情绪。

旅游企业员工能够调节自己的情绪，乐观开朗、富有朝气，对生活充满希望；情绪较稳定，善于控制与调节自己的情绪，既能克制又能合理宣泄自己的情绪，同时情绪的表达符合社会要求。对客服务的行为方式符合职业角色，能有良好的服务效果。

（3）人际关系和谐。

良好而深厚的人际关系，是事业成功与生活幸福的前提。旅游企业员工和谐的人际关系表现为：乐于与人交往，不论同事还是客我交往，都能客观评价别人和自己，善取人之长补己之短，宽以待人，乐于助人，交往动机端正。

（4）较好地适应环境。

旅游企业员工应较好的环境适应性表现为：个人的精神面貌能够完整、协调、和谐地表现出来，思考问题的方式合理，对客服务采取恰当灵活的态度，对外界刺激不会有偏颇的情绪和行为反应，能够与工作环境的步调合拍，也能和企业形象融为一体。

3. 心理健康标准的基本认识

（1）心理健康标准是动态的，不是静态的；是相对的，不是绝对的。

一个心理健康的人并非各方面都合乎标准，因此进行心理健康评价时，需要考察较长一段时间内个体持续的心理状态，偶尔出现的不健康状态，并不意味着被考察者心理就一定不健康。心理健康是一种状态，是一个过程，个体的心理健康状态处于不断变化之中。人的心理健康水平是一个从健康到不健康的连续体，并且心理健康与否的临界状态很难找到确切的界限。

（2）心理健康标准既要注重个体层面，又要注重社会层面。

单纯地从社会性或个体性谈论心理健康都是不可取的，必须二者兼顾。既要考虑从行为是否有利于个体发展和满足个体需要来评价心理健康问题，又要考虑从行为与社会环境的一致性来考察心理健康问题。

（3）心理健康标准既要注重适应标准，又要注重发展标准。

生存与适应是个体发展的前提与基础，发展则是人类追求的理想与目标。个体适应是不断调整身心，在现实环境中维持一种良好而有效的生存状态；发展指向更高水平的适应，向更成熟、更丰富、更健全的心理健康品质发展。个体完整的心理健康标准的制定，应既考察适应状况，又考察发展状况。

（二）影响心理健康的因素

判断一个人心理是否健康，判断一种行为是不是心理健康的表现，需要综合考虑所处的时代、文化背景、年龄、情景等各方面的因素。

首先，心理健康标准随着时代的变迁而变动。

其次，不同文化对人的心理健康有不同的影响。据报道在美国、英国等发达国家，歇斯底里患者较为少见，而抑郁症患者则相当普遍；而在经济文化水平较低的地方，如印度、埃及等国家，歇斯底里患者较多，而抑郁症患者则较少。社会文化背景，如风俗习惯、道德观等，以一种无形的力量影响着人们的观念和心理健康。

再次，心理健康受个体因素影响。确定心理健康标准要考虑年龄、性别、社会背景等诸多因素。例如有些行为放在孩子身上就是正常的，放在大人身上就是不正常的；一些行为发生在女性身上是正常的，发生在男性身上则是难以容忍的。

最后，个体所处的工作环境不同，其心理健康状况也会有所不同。如城乡差异、人口密度、环境污染、噪音等对人的心理状况都存在明显影响。如城市中的个体，由于住房单元化，同邻居、同事的交往明显减少，拥挤、嘈杂的环境使人的心理严重超负荷，人与人之间更容易产生矛盾、争吵，生活在其中的个体也容易心理紧张，出现心理健康问题。例如，谨小慎微、求全求美、优柔寡断、墨守成规、敏感多疑、心胸狭窄、事事后悔、苛求自己等强迫性人格特征，很容易导致强迫性神经症；易受暗示、耽于幻想、情绪多变、容易激惹、自我中心等特殊人格特征，很容易导致癔症。

二、员工的心理疲劳

（一）心理疲劳概述

1. 心理疲劳

心理疲劳指人体肌肉工作强度不大，但由于神经系统紧张程度过高或长时间从事单调、厌烦的工作而引起的疲劳。心理疲劳不仅降低学习与工作效率，而且对心理健康也有一定的影响。长期的心理疲劳使人心境抑郁，百无聊赖，心烦意乱，精疲力竭，进而引起心理疾病。员工心理疲劳主要表现为厌倦工作、不愿起床、上班迟到次数增多、处理公务时心情烦躁、注意力涣散、思维迟钝、反应迟缓、遗忘率增加等。例如，酒店客房员工始终处于固定的工作模式，餐饮服务员工始终无固定的下班时间等很容易引起员工的心理疲劳。

2. 心理疲劳产生原因

英国心理学家海德费说："绝大多数疲劳，都是由于心理的影响，纯粹由生理引起的疲劳是很少的。"情绪上的不稳定和冲突，特别是抑郁和焦虑，往往是精神疲惫最为常见的原因。这种消极的情绪使人萎靡不振，不想活动，还会导致心理疲劳的产生。

（1）消极情绪。

员工的工作、学习、生活不顺心，受到打击或遭遇不幸，从而身体、情感、思维和行为都会受到负面影响，如对工作缺乏动力，对工作冷漠厌烦，工作效率下降，甚至出现抵制工作的做法。生理性的疲劳经过休息易于消除，而消除心理疲劳却并不容易。

（2）职业倦怠。

当最初的新鲜感和挑战刺激过去后，工作渐渐进入常态，每一位职场者或多或少都会存在一些职场倦怠、心理疲劳。旅游企业员工的工作分工过细，员工会感到工作单调、乏味、厌倦。

（二）调节心理疲劳的方法

1. 学会自我调适

员工在紧张的工作中，应保持心理的平衡与宁静，对自己进行良好的心理暗示，使大脑产生美好的想象。员工应养成开朗、乐观、大度等良好的性格，为人处世应该稳健，要有宽容、接纳、超脱的心胸，可以利用各种方式宣泄自己压抑的情绪等。

2. 合理安排工作和生活

员工心理疲劳与工作量大和自身处理问题的态度和方法有关。在工作方法上有问题，如工作不分轻重缓急，工作效率低等，应学会应用统筹方法，提高工作效率。在工作和生活上，应有明确界限，下班后应充分休息，多参加体育运动，做到劳逸结合。应积极调整与人、与单位的人际关系，让自己、同事、单位处于一种良好的状态中，以保持平衡的心态。

3. 增强心理品质，培养多种兴趣

员工大多处在一种工作压力较大的状态下，应积极调试放松。不断完善自己的人格，控制自己的波动情绪，以积极的心态迎接工作和挑战，对待晋升加薪应有得之不喜、失之不忧的态度等，通过这些提高自己的抗干扰力。生活中应有意识地培养自己多方面的兴趣，如爬山、打球、看电影、下棋、游泳等。个体兴趣多样性，一方面可以及时地调试放松自己，另一方面也可以有效地转移注意力，使个人的心态由工作及时地转移到其他事物上，有利于消除工作的紧张和疲劳。

4. 寻求外部的理解和帮助

员工如产生心理问题，可经常向家人、知己、同事、心理机构等倾诉，心理问题严重的可去寻求心理医生治疗。寻找机会参加有关心理学的培训和学习，如美国和加拿大等国的许多大企业都要求员工参加工作压力管理和减压等心理训练课程的学习，同时这些国家也要求企业提供学习、训练的机会。

三、员工心理挫折与预防

（一）挫折及其原因

挫折，《现代汉语词典》（修订本）解释为：失败、失利。《辞海》的解释为：失利、挫败。挫折是人们在有目的的活动中遇到了无法克服或自以为无法克服的障碍和干扰，其需要与动机不能满足时所产生的消极的情绪反应。挫折是一种社会心理现象，心理挫折与其他事物一样，从消极方面来看，挫折使人痛苦、失望、消极、颓废，甚至用粗暴的对抗行为，引起生理上的疾病；从积极方面来看，挫折给人教训，从而使人认识错误，锻炼人的意志。

1. 外部因素

外部因素分为自然因素和社会因素。有些挫折是由非人为的环境因素造成的，自然因素就是个人能力无法克服的自然灾害，如天灾、生老病死等，具有一定的不可抗拒性和不可控制性。社会因素指个人在社会生活中遭受来自政治、经济、道德、习惯、风俗等方面的挫折，如工作中的人际关系紧张、晋升渠道望而不及、个人能力无从发挥等。

2. 内部因素

内部因素包括生理因素和心理因素两个方面。生理因素的挫折由自身的生理素质、体力、外貌以及某些生理上的缺陷所带来的限制，致使个体需求、目标不能满足。心理因素主要表现在以下几方面：

（1）人格完善。

员工如果思想成熟、坚毅乐观、热情大方、有良好的人际关系、社会适应力强、个人的动机实施相对顺利，产生挫折的概率相对较低；但是如果人际关系紧张，得不到领导和同事的关注，个人动机实施障碍增加，则更容易产生挫折。

（2）动机冲突。

挫折也可以由各种各样的内在冲突引起，冲突概括起来有四种类型：

1）双趋冲突。双趋冲突指两种对个体都具有吸引力的目标同时出现，形成强度相同的两个动机。由于条件限制，只能选其中的一个目标，此时个体往往会表现出难于取舍的矛盾心理，这就是双趋冲突。“鱼与熊掌不可兼得”就是双趋冲突的真实写照。

2）双避冲突。双避冲突指两种对个体都具有威胁性的目标同时出现，使个体对这两个目标均产生逃避动机，但由于条件和环境的限制，也只能选择其中的一个目标，这种选择时的心理冲突称为双避冲突。“前遇大河，后有追兵”正是这种处境的表现。

3）趋避冲突。趋避冲突指某一事物对个体具有利与弊的双重意义时，会使人产生两种动机态度：一方面好而趋之，另一方面则恶而远之。所谓“想吃鱼又怕鱼刺”就是这种冲突的表现。

4）多重趋避冲突。在实际生活中，人们的趋避冲突常常表现出一种更复杂的形式，即人们面对两个或两个以上的目标，而每个目标又分别具有吸引和排斥两方面的作用。人们无法简单地选择一个目标，而回避或拒绝另一个目标，必须进行多重选择。

动机冲突可以造成个体不平衡、不协调的心理状态，严重的心理冲突或持续时间较长可以引起个体的心理障碍。

（3）挫折耐受力。

挫折耐受力，是指个体在遭遇挫折情境时，能否经得起打击和压力，有无摆脱和排解困境而使自己避免心理与行为失常的一种耐受能力。即个体适应挫折、抵抗和应付挫折的一种能力。一般来说，挫折承受力较强的人，往往挫折反应小，挫折的消极影响小；而挫折承受力较弱的人，则容易在挫折面前不知所措，易受伤害，甚至导致心理和行为失常。因此，挫折承受能力的大小反映了一个人心理素质的健康水平。许多人的心理问题就是由于遭受挫折而又不能很好地排解和调适。增强挫折承受能力，是获得对挫折的良好适应和保持心理健康的重要途径。

（二）遭遇挫折后的行为表现

员工遇到挫折后，由于个人的生活经历和个性不同，行为表现也会各种各样。

1. 攻击

员工遇到挫折的时候，自然会产生不满的情绪，当这种情绪发展到愤怒的地步时，就可能对阻碍满足自己需要的障碍做出反抗，形成攻击行为。员工是否产生攻击行为取决于受挫折的强弱、范围、频率和攻击反应可能受到的惩罚的程度。员工的攻击行为可以分为直接攻击与转向攻击两种。直接攻击是把矛头指向造成其挫折的人或物；转向攻击是把攻击的矛头进行转移，指向与挫折原因无关的目标。如果员工认为是他人或组织造成挫折事件的发生，特别是故意造成的时候，愤怒的情绪就会产生，相应的攻击行为也会出现。例如，旅游企业员工认为客人故意找茬，可能会将愤怒发泄到其他的客人身上。

2. 退化

退化反应是指人在遭受挫折后，做出与其年龄不相称的幼稚行为，似乎又回到儿童时期的习惯与行为方式。从职业生涯的角度看，一个人受到挫折，可能放弃目前较高层级的工作，去从事那些简单、初级、低层次的工作，不能做到职业维持和进步。

3. 冷漠

冷漠是指个人受到挫折后没有愤怒和攻击的形式表现，代之以一种貌似无动于衷的冷淡态度。受挫折者绝不是没有心理上的不满和愤怒情绪，而是将这种情绪反应暂时压抑下去，在外部行为上表现出对造成自己挫折的对象漠不关心、沉默冷淡的样子。员工在工作中受到挫折又无法脱离这种工作时，往往会产生冷漠的反应，其结果是对工作丧失热情，以至消极怠工。

4. 固执

固执是指人受到挫折以后执意的重复某些没有意义的活动。具有固执反应倾向的员工往往缺乏机敏的品质与随机应变的能力，他们找不到合理地解决问题的方法，只能不断地重复过去的活动以减轻心理上的焦虑。

5. 妥协

员工受挫后，有时会采取妥协的方式来减轻心里的紧张。费斯廷格的“认知失调”理论认为，当人们遇到的情况与心里的想法不一致时，就会产生认知冲突，最常见的解决办法就是被迫服从，之后再设计合理的理由去解释，以减轻失调的紧张状态。

6. 幻想

幻想是个体受挫折后虚构情景来应对挫折，寻求对现实的逃避。幻想可以使员工暂时摆脱现实，寻求心理安慰。

（三）心理防卫机制

1. 压抑

压抑是最基本的一种心理防御机，指个体将一些不被自我所接纳的冲动、念头等，在不知不觉中被抑制到无意识中，或把痛苦的记忆主动忘掉，排除在记忆之外，从而免受冲突、紧张及焦虑的影响。然而，这些被压抑的内容并未消失，依然存在于我们的无意识中，遇到机会仍会出现，如触景生情，进而影响着我们的行为，甚至可能会做出一些连自己也不明其因的事情。虽然压抑能暂时减轻焦虑和获得安全感，可是若内心蕴藏被压抑的内容过多，超过意志的控制力和个体的耐受性时，有可能发生心理障碍。

2. 合理化

合理化又称文饰作用，指当个体的动机未能实现或行为不能符合社会规范时，为了减轻因动机冲突或失败挫折所产生的紧张和焦虑，或者为了维护个人自尊，对自己的所作所为给予开脱，自圆其说。可以说是制造合理的理由来解释并遮掩自我的伤害。员工如果常常使用这种机制，借各种托词以维护自尊，欺骗别人也欺骗自己，最终并非解决问题之道。

知识链接

合理化的三种形式

A：“酸葡萄”心理。“酸葡萄”心理是指认为自己得不到的或没有的东西就不是好的，是不值得关注和争取的，以冲淡内心的欲望和不安。此机制来自《伊索寓言》里的一个故事，说的是一只饿极了而且爱吃葡萄的狐狸，发现葡萄架上挂满了熟透的葡萄，垂涎三尺，欲以葡萄充饥，但自己又够不着，只好忍饿离去，并说这些葡萄是酸的，非我所欲也。其实葡萄是甜的，它因吃不到而说葡萄是酸的。

B：“甜柠檬”心理。“甜柠檬”心理则百般强调凡是自己所做成或所拥有的东西就都是好的。上述那只狐狸，后来走到柠檬树旁，因肚子饿了就摘柠檬充饥，而且边吃边说柠檬是甜的，其实柠檬味道是酸涩的。在生活中，面对一些不如意的事情时，我们有时也会像这只狐狸一样，努力去强调事情美好的一面，以减少内心的失望和痛苦。这种心态适当地运用一下，能协助我们接受现实，但如过分使用，则会妨碍对美好与进步的追求。

C：推诿，推诿是指将个人的缺点或失败归因于其他理由或找人承担他的过错，以保持个人内心的平衡。例如，球赛输了埋怨场地不好，裁判不公；考试失败不愿承认是自己没准备好，而说是老师出题太偏。

资料来源：http：//blog.sina.com.cn/s/blog_4933eb09010003o7.html，2015-12-25.

3. 补偿

个体因自身生理或心理上的缺陷不能实现某些自我价值，采取其他方式来弥补这些缺陷称为补偿作用，补偿可分为消极性的补偿与积极性的补偿。

消极性的补偿是指个体用来弥补缺陷的方法对个体本身没有带来帮助，有时甚至会带来更大的伤害。例如，一个事业失败的人整日沉溺于喝酒而无力自拔；一个想减肥的人，遇到不如意的事就以暴饮暴食来减轻自己的挫折；一个得不到正面表扬的孩子，用发展负面行为的方法以获得他人的注意。

积极性的补偿是指以合适的方法来弥补自己的缺陷。积极性的补偿运用得当，会给人带来一些好的转变。

4. 升华

升华指把不被社会所允许和接纳的动机和行为导向比较崇高的方向，使之符合社会规范和时代要求，能被社会或他人接纳，成为建设性的活动能量。例如，西汉史学家司马迁因仗义执言得罪了皇帝被判处宫刑，他在狱中撰写了《史记》，这是升华的典型事例。升华是一种很有建设性的心理作用，也是维持心理健康的必需品。

5. 投射

投射指把自己所不喜欢或不能接受的性格、态度、动机或欲望转移到外部世界或他人身上。在日常生活中使用投射的情形很普遍，投射也是人际交往的一种方法。但是在防卫机制上投射还有一种特殊的含义，即个体意识到自己的某种罪恶念头或某种恶习，却指责别人有这种念头或恶习；或者把个体不能接受的性格、特征、意念、态度或欲望转移到别人身上，指责别人性格恶劣，并批评别人的态度和意念。例如，一个职工相信别人也占公家便宜，那么，他占公家便宜时便不感到羞愧。“以小人之心度君子之腹”“五十步笑百步”正是这种心理的写照。习惯于以投射来维持自己心理平衡的人，往往会影响对自己的真正了解和对事物的正确观察及判断，也会影响与他人的交往。

6. 反向作用

反向作用指当个体的欲望和动机不为自己的意识或社会接受时，将其压抑至无意识之中，并在外表上表现出相反的态度和行为。即反向作用是外在行为和内在动机相反的一种现象。例如，一个过分炫耀自己能力而惹人注意的人，很可能他的内心存在严重的自卑感。“此地无银三百两”的故事是反向作用的表现。反向行为也是一种压抑过程，如果使用得当可帮助人适应生活；如果使用过度，不断压抑自己心中的欲望或动机，且以相反的行为表现出来，轻者不敢面对自己，活得很累、很孤独，重者将形成严重的心理疾病。

（四）心理挫折的预防

1. 企业角度

（1）帮助员工设置职业生涯规划。

受挫员工的个人职业生涯规划目标与现实条件不符。要消除这种心理挫折的消极因素，必需帮助员工正确估价自身的主观条件和客观条件，设置一个既能发挥自己的潜能又非高不可攀、适当可行的人生目标，并且将个人的奋斗目标与企业的兴盛有机地结合在一起。

（2）严格分工负责制，建立多元化的激励机制。

员工遭受挫折后，有些既定的事实可能是无法改变的，但是完全可以促使员工在其他方面展示自己在企业中的价值。比如当员工追求某个行政职务受挫后，可以鼓励其努力钻研技术，或者通过业绩的扩大得到个人事业和物质利益的回报。采取不同的激励形式，重要的是不能让员工丧失对企业整体环境的信任。

（3）疏通组织内部沟通渠道。

疏通员工投诉、申诉的渠道，对员工受挫后进行积极的帮助，秉公评议，明辨是非，促使当事者朝着有利于企业发展的方向求同存异。如果员工的“挫折”事出有因，给员工提供一个申辩的机会和说理的地方，有利于员工重新校正自己的心态。

（4）企业建立员工心理健康档案。

建立企业员工心理健康档案，关注员工心理问题，帮助其学会压力宣泄，及时有效地疏导员工心理问题，从而实现维护员工身心健康、促进企业与员工和谐发展的最终目标。

2. 员工角度

员工加强自我心理挫折的纠正，提高员工的心理健康水平。

（1）进行科学的挫折归因。

美国心理学家韦纳对人们失败的归因进行了研究，认为一般情况下，失败是由客观因素和主观因素造成的。人们把失败归于何种原因，对以后活动的积极性产生很大的影响：把失败归于主观原因，会使人感到内疚和无助；把失败归于客观原因，会产生气愤和敌意。员工应特别避免韦纳提出的两种错误归因模式，受到挫折后应该冷静、客观分析自己受挫的原因，找出造成受挫的真正原因，对挫折做出客观、准确的分析，提醒自己做换位思考，就能逐步改变自己的不合理认知，从而减少受挫的可能性。

（2）完善人格，提高心理承受力。

良好的人格品质是员工心理健康的重要组成部分。员工要有对挫折的承受力，主动有效地适应社会环境与工作环境。员工要学会自我心理调节，转移不良情绪，比如读书或看电影、与人交谈、多陪家人、参加体育锻炼、学习钻研岗位知识等方法都可以转移不良情绪。

（3）坚持科学、健康的生活方式。

人的生活方式对心理健康具有重要的影响。对于员工而言，科学、健康的生活方式主要包括：合理作息、平衡膳食、参加社会公益活动、积极参加体育锻炼等。

心理健康疏导的方法还有很多，如何做好员工的心理健康疏导工作需要结合实际，在实践中不断改进和完善，企业领导需要高度重视，基层管理者要正确实施，广大员工要积极配合。

答疑解惑

小王的工作由积极热情转变为对工作恐惧，对于工作带来的心理疲劳、心理挫折不能及时、正确地面对，最终影响工作，同时自身心理健康出现问题。

作为企业应关注员工的心理健康问题，建立员工档案、辅导员工的职业生涯规划、建立心理辅导团队、拓展员工的发展空间、营造和谐的人际环境，进而提高员工的团队归属感。

项目小结

心理健康问题是目前职场普遍存在的问题，旅游企业作为服务行业的表率，应重视员工个体的心理保健问题，使员工拥有良好的心理素质，才能提升旅游企业服务质量，进而提升旅游企业服务水平。

实训练习

一、选择题

1. 旅游企业员工的职业意识（　　）。

A. 形象意识　B. 角色意识　C. 服务意识　D. 信誉意识

E. 防卫意识

2. 客我交往的特点有（　　）。

A. 公平性　B. 不稳定性　C. 短暂性　D. 公务性

E. 不对等性

3. 旅游企业员工心理健康标准有（　　）。

A. 较好的环境适应性　B. 和谐的人际关系

C. 合理行为　D. 正确的自我认识

E. 不对等性

4. 良好人际关系建立应（　　）。

A. 注重第一印象　B. 主动沟通　C. 换位思考　D. 善于表演批评

E. 加强自我修炼

5. 心理挫折的行为表现有（　　）。

A. 攻击　B. 主动沟通退化　C. 冷漠　D. 妥协

E. 固执

二、简答题

1. 旅游企业员工心理素质的要求有哪些？
2. 客我交往的要求有哪些？
3. 心理防卫机制是什么？
4. 调节心理疲劳的方法是什么？
5. 简述心理挫折预防。

三、综合业务题

案例名称	卫生纸的风波
工作任务	某日傍晚，某一香港旅游团结束了“广州一日游”，回到了下榻的饭店。然而，不到十分钟，旅游团的一位中年女领队光着脚来到大堂，怒气冲冲地向前台投诉客房服务员。 原来，早晨出发时，这位女领队要求楼层客房服务员为房间加一卷卫生纸，但这位服务员却只将客人的要求写在了交班记录本上，并没有向接班服务员特别强调。结果，下一班次的服务员看到客房卫生间内还有剩余的半卷卫生纸，就未再加。这位客人回来后，勃然大怒。无论前台的几个服务员如何规劝、解释，她依旧坚持光着脚站在大堂中央大声说：“你们的服务简直糟透了。”引来许多客人好奇的目光。值班经理和客房部经理很快赶到，看到此情此景，他们一边让服务员拿来了一双舒适的拖鞋，一边安慰客人说：“我们有做得不够好的地方，请您消消气，我们到会客室里面坐下来谈，好吗？”这时客人态度渐渐缓和下来，值班经理耐心地向客人询问了整个事件的经过和解决问题的具体意见，最后值班经理代表饭店向旅游团的每个房间都派送了一卷卫生纸，并向这位客人赠送了致歉果盘。事后，经向该团导游了解，这位领队因对旅行社当天的行程等一些事情安排不满，心情不好。
完成时间	15 分钟
任务目标	如何处理客我交往问题。
任务要求	1. 客人投诉的原因？ 2. 旅游企业员工如何处理客我交往问题？旅游企业如何培养员工应对复杂的对客关系？
研讨内容	
研讨成果	
讨论过程	
自我角色	
自我评价	
小组评价	
教师评价	

参考文献

1. 闫红霞．旅游心理学．武汉：华中科技大学出版社，2011.
2. 陈楠，王茹，吴辉球．旅游心理学．北京：北京理工大学出版社，2011.
3. 杨素稳，黄宇，余力力．旅游心理学导论．哈尔滨：哈尔滨工程大学出版社，2012.
4. 李青霞．旅游心理学．西安：西北工业大学出版社，2010.
5. 孙慧君．旅游心理学．北京：首都经济贸易大学出版社，2011.
6. 孙喜林，荣晓华．旅游心理学．5 版．大连：东北财经大学出版社，2013.
7. 秦明．旅游心理学．北京：北京大学出版社，2005.
8. 李昕．旅游心理学．北京：中国财政经济出版社，2005.
9. 汪红烨，等．旅游心理学．上海：上海交通大学出版社，2011.
10. 甘朝有．旅游心理学：第 2 版．天津：南开大学出版社，2010.
11. 周欣．旅游心理学．南京：江苏科学技术出版社，2009.
12. 陈琦．旅游心理学．北京：北京大学出版社，2006.
13. 周义龙，龚芸．旅游心理学．武汉：武汉理工大学出版社，2010.
14. 周小军．心理学．昆明：云南人民出版社，2012.
15. 王伟红．旅游心理学．郑州：河南大学出版社，2013.
16. 袁忠霞．旅游心理学．北京：国防工业出版社，2012.
17. 舒伯伯，廖兆光．旅游心理学．大连：东北财经大学出版社，2011.
18. 麻益军，芦爱英，金海峰．旅游心理原理与实务，北京：旅游教育出版社，2005.
19. 李昕．旅游心理学基础．北京：清华大学出版社，2011.
20. 孙喜林，荣晓华．旅游心理学．4 版．大连：东北财经大学出版社，2010.
21. 李一文．旅游心理学．大连：大连理工大学出版社，2007.
22. 刘纯．旅游心理学．北京：科学出版社，2004.
23. 郭黎岩．心理学．南京：南京大学出版社，2002.
24. 孟庆杰，唐飞．前厅客房服务与管理．北京：中国人民大学出版社，2013.
25. 李晓冬．现代饭店管理理论与实务．北京：中国人民大学出版社，2013.
26. 马继兴．旅游心理学．北京：清华大学出版社，2010.
27. 杨娇，刘丽梅．旅游心理学．北京：北京大学出版社，2014.
28. 叶伯平．旅游心理学．北京：清华大学出版社，2013.
29. 徐永清，李长秋．旅游心理学．北京：旅游教育出版社，2015.
30. 张树夫．旅游心理学．北京：高等教育出版社，2001.

31. 谢彦君．基础旅游学．北京：中国旅游出版社，2004.
32. 王晓云，张帆．旅游学导论．上海：立信会计出版社，2004.
33. 岳超源．决策理论与方法．北京：科学出版社，2003.
34. 宁士敏．中国旅游消费研究．北京：北京大学出版社，2003.
35. 张梅．旅游心理学．天津：南开大学出版社，2005.

图书在版编目（CIP）数据

旅游服务心理学 / 李海凤，单浩杰主编. —北京：中国人民大学出版社，2018.1
教育部中等职业教育专业技能课立项教材
ISBN 978-7-300-24883-7

Ⅰ.①旅… Ⅱ.①李… ②单… Ⅲ.①旅游心理学-中等专业学校-教材 Ⅳ.①F590-05

中国版本图书馆 CIP 数据核字（2017）第 199860 号

教育部中等职业教育专业技能课立项教材
旅游服务心理学
主　编　李海凤　单浩杰
副主编　刘清华　云斯琴　焦艳芬　王春红
Lüyou Fuwu Xinlixue

出版发行	中国人民大学出版社		
社　　址	北京中关村大街 31 号	**邮政编码**	100080
电　　话	010－62511242（总编室）		010－62511770（质管部）
	010－82501766（邮购部）		010－62514148（门市部）
	010－62515195（发行公司）		010－62515275（盗版举报）
网　　址	http：//www. crup. com. cn		
经　　销	新华书店		
印　　刷	北京溢漾印刷有限公司		
开　　本	787 mm×1092 mm　1/16	**版　　次**	2018 年 1 月第 1 版
印　　张	10. 5	**印　　次**	2023 年 8 月第 4 次印刷
字　　数	245 000	**定　　价**	28. 00 元
